Evêque Ephrem

Enseignement orthodoxe dans la vie chrétienne

Evêque Ephrem

Enseignement orthodoxe dans la vie chrétienne

Éditions Croix du Salut

Imprint
Any brand names and product names mentioned in this book are subject to trademark, brand or patent protection and are trademarks or registered trademarks of their respective holders. The use of brand names, product names, common names, trade names, product descriptions etc. even without a particular marking in this work is in no way to be construed to mean that such names may be regarded as unrestricted in respect of trademark and brand protection legislation and could thus be used by anyone.

Cover image: www.ingimage.com

Publisher:
Éditions Croix du Salut
is a trademark of
International Book Market Service Ltd., member of OmniScriptum Publishing Group
17 Meldrum Street, Beau Bassin 71504, Mauritius
Printed at: see last page
ISBN: 978-613-7-37328-6

Eglise Catholique Apostolique
Primitive d'Antioche

ENSEIGNEMENT ORTHODOXE DANS LA VIE CHRETIENNE

Présenté par l'Evêque Ephrem

SAINT
Pierre l'Apôtre
SAINT
Jacques Baradé

POSTFACE

Saisi par l'essentialité et la pureté de ce catéchisme traduit de l'arabe par le diacre Marcel Faez Hannouche, je suis invité à rédiger cette postface pour présenter aux croyants baptisés dans d'autres églises apostoliques et qui ont été soustraits à la foi de l'Église catholique primitive et indivise du Christ ce catéchisme qui peut être considéré comme l'une des perles précieuses du Trésor de la Sainte Église d'Antioche.

La plupart des croyants que nous rencontrons en Occident sont des baptisés dont la connaissance de l'annonce chrétienne est réduite aux souvenirs lointains et vagues d'un petit catéchisme fréquenté dans l'enfance.

Il est vrai que le rejet de la bonne nouvelle n'est pas rarement dû à son manque de connaissance. La "vérité", écrivait Tertullien, "ne demande qu'à être connue, avant d'être rejetée".

Une autre raison est également liée à mon affaire personnelle : depuis 35 ans je suis prêtre et depuis 29 ans je suis évêque de l'Église catholique primitive d'Antioche, l'une des 25 juridictions qui font référence à Monseigneur Joseph rené Vilatte qui a été consacré évêque de l'Église orthodoxe d'Antioche en 1892 à Colombo ex Ceylan actuellement Sri Lanka, et qui a été fondée en 1957. J'ai découvert, il y a une semaine, ce joyau de l'église syriaque orthodoxe d'Antioche.

Republier ce catéchisme dans son intégralité et qui a été traduit par le diacre Père Marcel Faez Hannouche, déposé à la Bibliothèque nationale du Québec, donc un texte qui bénéficie des droits éditoriaux reconnus par le Canada, sans demander les autorisations nécessaires représente pour moi un défi de présenter dans un langage simple et en français les grandes vérités de la foi.

Le père diacre Marcel Faez Hannouche n'a fait que traduire le texte d'un catéchisme syriaque orthodoxe qui, aujourd'hui encore, entraîne dans un monde nouveau et inconnu à l'âme assoiffée qui entre dans ce volume.

Je ne comprends pas comment ce petit trésor a pu être caché.

Ce catéchisme, peut-être actuellement inconnu et considéré comme obsolète pour les fidèles orthodoxes antiochiens vivant au Québec, devait être proposé et publié dans tous les pays francophones.

Dans les questions/réponses, nous pouvons voir la beauté, la joie de la foi chrétienne, surtout quand on voit chaque jour le besoin qu'en a l'homme d'aujourd'hui.

"Ce ne sont pas des oreilles prêtes à entendre qu'il leur manque", disait déjà saint Grégoire le Grand, "mais des bouches prêtes à parler" : à parler du Christ, à annoncer l'Évangile.

Republier les lois de l'édition dans le défi, si le crime est reconnu, signifie répondre pleinement à ce besoin de dire la beauté de la foi, et de la rencontre avec le Christ.

Nous avons décidé de prendre le texte tel qu'il est. Nous ne l'avons pas modifié ni inséré une écriture pastorale, faisant ainsi disparaître ses origines.

Pourquoi ai-je voulu écrire une postface plutôt qu'une préface ?

La réponse est simple. Tout ce qui n'est pas le texte de l'auteur qui signe le titre et la couverture en bas, rien ne doit faire obstacle à la lecture de cet admirable catéchisme orthodoxe.

Je me vois bien sous les traits de celui qui écrit une postface et pour cette raison, je ne me sens pas immérité et escroqué car je tiens à laisser une large place aux vérités divines contenues dans ce catéchisme volcanique.

L'ordre logique de l'argumentation, l'enracinement de la Vérité dans la profondeur de la conscience, le précieux ensemencement de la parole de Dieu dans le cœur de l'âme qui cherche Dieu, s'exclament secrètement : "les choses sont comme ça, je crois !

Nous aussi, nous faisons partie des chrétiens détournés de l'approfondissement de la Vérité, qui n'admet que le discours de l'Évangile : "oui, oui, - non, non !", - et nous avons été canalisés vers des comportements socialement unificateurs, et exposés aux moussons des sectes, à l'apostasie ou à l'indifférence généralisée en matière de religion, proclamée comme un signe sûr d'émancipation civile comme l'a justement déclaré le 14 septembre 1997, fête de la Sainte-Croix, l'archevêque Aphrem Aboodi et vicaire patriarcal des chrétiens syriens orthodoxes vivant au Canada.

Point important pour nous tous : Ce catéchisme répond aux besoins d'une didaché moderne ; le catéchiste doit être un homme de doctrine solide et de foi profonde, personne ne peut donner ce qu'il n'a pas ; la doctrine sans vie est cendre, la vie sans doctrine est, feuille sèche sur l'arbre de Vie, qu'un souffle détache de la branche.

Ce catéchisme ne doit pas être considéré comme l'un des nombreux catéchismes écrits juste pour être écrits.

Mais ce catéchisme sera pour tous ceux qui sont consacrés au ministère sacerdotal ou épiscopal de notre Église un outil utile qui nous fera prendre conscience que le catéchiste est un petit prophète de Dieu ; dans ses paroles, Dieu lui-même apparaît, apparaissant dans l'amour, tombant dans l'amour convertit, et convertissant instruit. La catéchèse est donc une tâche à confier à des ministres de grande sainteté et de doctrine, ce n'est pas un ministère diaconal, ce n'est pas une fonction déléguée, le salut ou un danger mortel pour l'âme ne peut découler d'un tel ministère.

Les vocations sacerdotales naissent d'une sainte catéchèse, la fidélité à Dieu jusqu'à l'effusion du sang est le fruit de paroles enfouies en nous - en temps voulu - par la vie et la voix de témoins authentiques, le reste est de la paille que le vent disperse.

À tous ceux qui invoquent secrètement : "Que ton règne vienne !" et priez Dieu de rester ferme dans la foi, à tous ceux que la Grâce a appelés à contempler la Beauté de la Vérité, le vestibule lumineux de la Charité, nous proposons cette instruction de sagesse fruit de l'enseignement des Saints Pères de l'Église orthodoxe syrienne d'Antioche, monuments voilés de sainteté et de doctrine.

Le moine Ephrem consacré évêque le 2 juin 1991

à croite Mgr Dominique au centre Mgr Ephrem à ma gauche Mgr Jacques-Philippe

Saint Jacques Baradaï
le printemps de la sainte église de Jésus-Christ

TABLES DES MATIÈRES

Note

Notre fils spirituel, le diacre Afudiaqon, Marcel Faez Hannouche après avoir rédigé ce livre, est venu nous présenter son oeuvre et requérir notre approbation pour pouvoir l'éditer, l'imprimer et le mettre en circulation; et suite à de nombreuses recommandations, voici l'aspect du dit manuel que vous voyez ci-après.

Nous apprécions les efforts déployés par l'auteur, pour sa traduction soignée, et c'est ce que nous recherchons, surtout ici, dans la province de (Québec - Canada), car le Français est la langue prépondérante d'éducation de la nouvelle génération.

Pendant ce temps, nous entendons, çà et là, la voix croissante de charlatans qui - au nom du Christianisme - utilisent les médias les plus divers; nous vous incitons, tous, à vous procurer ce livre en encourageant vos jeunes de le consulter pour apprendre à approfondir la connaissance des enseignements de notre église syriaque orthodoxe.

Nous reconnaissons, encore une fois, les efforts du diacre Hannouche, en lui souhaitant tout progrès dans ses services envers l'église ... , que la grâce de notre Rédempteur Jésus-Christ soit avec tous et gloire à Dieu pour toujours, amen.

Montréal, le 14 Septembre 1997

Fête de la Sainte Croix

L 'Archevêque
T. Aphrem Aboodi

Vicaire Patriarcal des Syriens Orthodoxes
Archevêché du Canada

PRÉFACE

Il est connu que le Seigneur Jésus-Christ a fondé l'Église sur le rocher de la foi en son nom saint. L'unité de foi est donc, un lien d'amour spirituel qui ressert les liens de fraternité entre les croyants. Afin de pouvoir jouer son rôle dans la propagation de sa mission d'évangélisation, l'église choisit parmi les outils dont elle dispose, ceux qui sont dans les limites de ses moyens.

Puisque le Seigneur Dieu, veut que tous les gens reconnaissent la vérité pour le salut de leurs âmes, sa parole devrait parvenir à pénétrer leurs coeurs qui, en retour, doivent réagir favorablement avec ses enseignements divins. De là, l'église s'efforce de réformer la société et la guider dans la bonne direction, pour que sa relation avec autrui soit fraternelle, issue d'amour sincère, source de sa foi orthodoxe. Il nous faut donc, manifester la foi à travers nos relations et attitudes envers autrui. Si on se contente de dire qu'on aime Dieu mais, qu'on agit à l'encontre de la volonté de Dieu! ... , notre foi serait -dans ce cas- fausse et trompeuse, car si quelqu'un dit: "J'aime Dieu," et qu'il hait son frère, c'est un menteur. En effet, il ne peut pas aimer Dieu qu'il n'a pas vu, s'il n'aime pas son frère qu'il a vu. «Voici

Mor Timotheos Aphrem Aboodi, ancien délégué apostolique du Saint-Siège en Inde et le métropolite des Églises Simhasana en Inde et vicaire patriarcal pour le Canada de l'Église orthodoxe syrienne, est décédé le (25 avril 2019) à Atchaneh - Liban.

donc le commandement que le Christ nous a donné: celui qui aime Dieu doit aimer son frère.» (1 Jean 4:21). Sur ce, si le fidèle n'agit pas avec amour selon la volonté de Dieu et ses plans divins, il lui est impossible d'être un bon croyant dans son milieu social.

En observant, en silence, durant les années passées que j'ai consacrées au service de l'église, les attitudes de plusieurs groupes parmi l'ensemble des paroissiens, j'ai remarqué que le désaccord existant entre elles est dû soit à la différence de mentalités ou de l'origine du pays de provenance. Avec le temps, une nécessité d'action est née en moi pour traiter le vide spirituel, en essayant de contrecarrer les courants de fausses doctrines et des corruptions idéologiques. Ce vide spirituel découlait de la nonchalance des parents à bien éduquer leurs jeunes dans les pays d'immigration, ou à cause de l'indisponibilité de livres adéquatement conçus dans la langue du pays d'accueil. C'est pourquoi notre nouvelle génération était délaissée sans assistance, pour comprendre les fondements de la religion chrétienne en général, ou les enseignements de notre église syriaque orthodoxe en particulier.

À la manière du citoyen qui doit connaître les lois de son pays, le croyant doit savoir lui aussi les enseignements de son église. De ce point, je me suis appliqué à réaliser ce livre bilingue, arabo-français (le français est la langue au Québec-Canada) selon une traduction, en vis-à-vis, qui laisse aux parents et enfants le libre choix de pouvoir simultanément étudier ensemble les chapitres du livre, chacun dans sa langue d'usage, d'une manière facile et claire.

Quel que soit notre rôle, dans le succès ou dans l'échec, il faut toujours foire de notre mieux. Or, le succès ou l'échec de recevoir et d'accepter la parole de Dieu ne repose pas sur nous mais sur l'action le l'EspritSaint. « J'ai mis la plante en terre, mais c'est Dieu qui l'a fait pousser.» (1 Corinthiens 3:6). Je supplie Dieu de nous aider à lui être tous fidèles dans notre tâche de propagation du message de l'Évangile, et qu'il bénisse tous ceux qui travaillent loyalement pour la gloire de Dieu, afin que nous méritions d'être appelés "la lumière du monde"!

Que Dieu nous éclaire le chemin du salut. Nous espérons que nos chers lecteurs trouvent dans le livre une lueur les aidant à discerner leur chemin, et un bon compagnon dans leur vie spirituelle.

Diacre: Marcel Faez Hannouche

Les Enseignements Chrétiens

Question # 1 : Qu'est-ce que le Catéchisme ?

Le Catéchisme renferme les fondements authentiques de la doctrine chrétienne. Il nous guide aux vérités de la religion chrétienne et ses devoirs.

Question 2 : En quoi le Catéchisme est-il utile ?

Le Catéchisme est nécessaire à tous les chrétiens car il enseigne comment ils doivent pratiquer les principes et devoirs religieux, sans lesquels le chrétien ne pourra jamais être sauvé.

Question 3 : Quelle est l'origine du Catéchisme ?

L'origine du Catéchismc est la Bible sainte selon l'interprétation de l'Église Sainte et ses honorables coutumes.

Question 4 : Qui est l'enseignant du Catéchisme ?

L'Église Sainte nous enseigne le Catéchisme par l'intermédiaire de ses apôtres, maîtres et chefs qui sont, tous, inspirés de l'EspritSaint.

Question 5 : Quelles sont les bases du Catéchisme et combien sont-elles ?

Les bases du Catéchisme sont trois :

Les VÉRITÉS auxquelles il faut croire.

Les MOYENS qu'il faut utiliser.

Les ACTES qu'il faut foire.

Question 6 : Qu'est-ce que la Bible Sainte ?

La Bible Sainte est la Parole de Dieu.

Question 7 : Qui a écrit la Bible Sainte ?

Ce sont les hommes saints qui ont écrit la Bible. Les Prophètes ont écrit l'Ancien Testament, tandis que les Apôtres et Disciples ont écrit le Nouveau Testament.

« Car aucune prophétie n'est jamais venue de la seule volonté d'un homme, mais c'est parce que le Saint-Esprit les guidait que des hommes ont parlé de la part de Dieu » (2 Pierre 1:21)

Question 8 : Pourquoi la Bible s'appelle la Parole de Dieu alors qu'elle n'est pas écrite par Lui mais par des hommes ?

La Bible est la Parole de Dieu parce que ces personnes l'ont écrite en étant inspirées de Dieu.

« Toute écriture est inspirée de Dieu et utile pour enseigner la vérité, réfuter l'erreur, corriger les fautes et former à une juste manière de vivre » (2 Timothée 3:16)

Question 9 : Que veut dire « inspirée de Dieu » ?

«Inspirée de Dieu» veut dire: que l'Esprit Saint a inspiré ces hommes saints afin d'exprimer clairement, par écrit, les idées et paroles qui venaient de l'Esprit Saint. (L'inspiration verbale)

«Car aucune prophétie n'est jamais venue de la seule volonté d'un homme, mais c'est parce que le Saint-Esprit les guidait que des hommes ont parlé de la part de Dieu» (2 Pierre 1:21)

«...(Nous) en parlons, non avec les mots qu'enseigne la sagesse humaine, mais avec ceux qu'enseigne l'Esprit de Dieu. C'est ainsi que nous expliquons des vérités spirituelles à ceux qui ont cet Esprit.» (1 Corinthiens 2: 13)

Question 10 : Quelle est alors la source de chaque mot écrit dans la Bible Sainte ?

Chaque mot écrit dans la Bible est inspiré de Dieu, c'est pourquoi la Bible est infoillible.

« Fois qu'ils soient entièrement à toi, par le moyen de la vérité; ta parole est la vérité.» (Jean 17:17)

« Toute écriture est inspirée de Dieu »(2 Timothée 3: 16)

«...On ne peut pas supprimer ce qu'affirme l'Écriture » (Jean 10:35)

Question 11 : Par son don de la Bible, Dieu que ciblait-il ?

Dieu nous a donné la Bible « pour que sa sagesse nous conduise au salut par Jésus-Christ », et nous entraîne pour nous apprendre comment vivre en sainteté.

« Depuis ton enfance, tu connais les Saintes Écritures; elles peuvent te donner la sagesse qui conduit au salut par la foi en Jésus-Christ. Toute écriture est inspirée de Dieu et utile pour enseigner la vérité, réfuter Terreur, corriger les fautes et former à une juste manière de vivre.» (2 Timothée 3:15-17)

Question 12 : Comment doit-on lire la Bible Sainte ?

Nous devons lire la Bible avec du sérieux et du respect; nous devons l'étudier et écouter attentivement lorsqu'elle est lue ou expliquée, en *y* croyant fermement pour vivre selon son enseignement.

** (Jésus dit) Vous étudiez les Écritures parce que vous*

pensez trouver en elles la vie éternelle: ce sont justement elles qui parlent de moi !.» (Jean 5 : 3 9)

« Heureux plutôt ceux qui écoutent la parole de Dieu et lui obéissent:» (Luc 11 : 2 8)

« Mais Marie gardait tout cela dans sa mémoire et y réfléchissait en elle-même » (Luc 2 : 1 9)

«...Celui qui m'aime obéira à ce que je dis»(Jean 14:23)

LES VÉRITÉS AUXQUELLES IL FAUT CROIRE

de l'existence de Dieu et ses Perfections

Question 13 : Qui a créé le monde ?

C'est Dieu qui a créé le ciel et la terre, et tout ce qui est visible et invisible.

Question 14 : Comment savez-vous que Dieu existe ?

Je sais que Dieu existe :

A - De l'existence de l'univers (la connaissance naturelle)

« Toute maison, en effet est construite par quelqu'un; or. Dieu est celui qui a construit toutes choses. »(Hébreux 3: 4)

« Les deux racontent la gloire de Dieu et le firmament publie les ouvrages de ses mains.» (Psaume 19:1)

« Car ce que Ton peut connaître de Dieu est clair pour eux : Dieu lui-même le leur a montré clairement. En effet, depuis que Dieu a créé le monde, ses qualités invisibles, c'est-à-dire sa puissance éternelle et sa nature divine, se voient dans les oeuvres qu'il a faites. » (Romains 1: 19-20)

B - Du témoignage de ma conscience (la connaissance naturelle de Dieu) *«(Les étrangers) prouvent ainsi que la façon d'agir ordonnée par la loi est écrite dans leur coeur. Leur conscience le montre également, ainsi que leurs pensées qui parfois les accusent et parfois les défendent.»(Romains 2: 15)*

C - Dieu s'est fait montrer en toute clarté à travers les Écritures de la Bible (la reconnaissance de Dieu par révélation).

« Je suis le Seigneur, c'est là le nom qui m'est propre.» (Isaïe 42:8)

« Mais le Seigneur est lui-même le Dieu véritable, le Dieu vivant, le Roi éternel.» (Jérémie 10:10)

« La vie éternelle consiste pour eux à te connaître, toi le seul véritable Dieu, et à connaître Jésus-Christ, que tu as envoyé.» (Jean 17:3)

«...Dieu, qui a fait le monde et tout ce qui s'y trouve, est le Seigneur du ciel et de la terre, et n'habite pas dans des temples construits par les hommes.» (Actes 17:23-24)

Question 15 : Qui est Dieu ?

« Dieu est un esprit» (Jean 4 : 24) qui a un cerveau et une volonté mais sans corps. (Luc 24 : 39)

Question 16 : Que veut dire cela ?

Dieu est un pur esprit, qui existe sans qu'on puisse le voir; il est imperceptible à nos sens parce qu'il est au-dessus de la matière et ses propriétés. Il existe en soi; il cst parfait et source de toutes choses. Nous sommes incapables de comprendre Dieu dans sa substance et sa nature, cependant nous pouvons constater son existence, ses perfections et ses actes.

Question 17 : Quels sont les attributs de Dieu ?

A - Dieu est éternel : (Il n'a ni début ni fin).

«r Seigneur, vous avez été notre refuge dans la suite de toutes les races. Avant que les montagnes eussent été faites, ou que la terre eût été formée et l'univers, vous êtes Dieu de toute éternité et dans tous les siècles. »(Psaume 90:1-2)

B - Dieu ne change pas : Il est invariable.

« Car je suis le Seigneur, et je ne change point.» (Malachie 3:6)

*« Jésus-Christ est le même hier, aujourd'hui et pour toujours.» (Hébreux 13 : 8)*Mais vous subsistez dans toute l'éternité» (Psaume 102 :27)*

C - Dieu est omnipotent: tout-puissant.

« Je suis le Dieu tout-puissant.» (Genèse 17:1)«r Car rien n 'est impossible à Dieu. » (Luc 1:37) « ...tout est possible à Dieu. » (Matthieu 19:26)

D - Dieu est omniscient : Il sait tout. «r Seigneur, vous m'avez éprouvé et connu parfaitement.

Vous m'avez connu, soit que je fusse assis ou levé. Vous avez découvert de loin mes pensées; Vous avez remarqué le sentier par lequel je marche, et toute la suite de ma vie. Et vous avez prévu toutes mes voies, et avant même que ma langue ait proféré aucune parole. Vous le savez» (Psaume 139 :1 - 4)« Seigneur, tu sais tout.» (Jean 21: 17)

E - Dieu est omniprésent : Présent en tous lieux.

« Celui qui se cache se dérobe-t-il à moi, et ne le vois-je point ? dit le Seigneur. » (Jérémie 23 :24)

F - Dieu est Saint (Infaillible et déteste le péché). *« Parce que je suis saint, moi qui suis le Seigneur votre Dieu.» (Lévi 19:2)*

« Saint, Saint, Saint, est le Seigneur; le Dieu des armées.» (Isaïe 6:3)

G - Dieu est infiniment juste et impartial. *«r Dieu est fidèle dans ses promesses, il est éloigné de toute iniquité.» (Deutéronome 32 : 4)*

H - Dieu est loyal : (Il tient ses promesses et engagements).

« Si nous sommes infidèles, il reste fidèle, car il ne peut pas se mettre en contradiction avec lui-même.» (2 Timothée 2:13)

I - Dieu est bienfaiteur et généreux (bon et aimable, il nous veut du bien). *« Le Seigneur est bon envers tous, et ses miséricordes s'étendent sur toutes ses oeuvres.»(Psaume 145: 9)*

J - Dieu est dément et miséricordieux.

« Le Seigneur est bon envers tous, et ses miséricordes s'étendent sur toutes ses oeuvres.»(Psaume 145: 9)

K - Dieu est plein de compassion et de miséricorde.

«r Seigneur mon Dieu, qui êtes plein de compassion et de clémence, patient, riche en miséricorde et véritable. Qui conservez et faites sentir votre miséricorde jusqu'à mille générations: qui efface l'iniquité, les crimes et les péchés. » (Exode 34: 6 - 7)

de L'UNITÉ et de la TRINITÉ (de Dieu)

Question 18 : Qui est l'unique et véritable Dieu ?

L'unique et véritable Dieu est un Dieu en trois personnes divines distinctes mais unies et égales en toutes choses : le Père, le Fils et l'EspritSaint (La Sainte Trinité).

« Il n'y a qu'un seul Dieu.» (1 Corinthiens 8:4)

«r Allez donc auprès des hommes de toutes les nations et faites d'eux mes disciples : baptisez-les au nom du Père et du Fils et du Saint-Esprit»(Matthieu 28: 19) *« Que la grâce du Seigneur Jésus-Christ, l'amour de Dieu et la communion du Saint-Esprit soient avec vous tous.» (2 Corinthiens 13: 14)*

« Dès que Jésus fut baptisé, il sortit de l'eau. Au même moment les deux s'ouvrirent pour lui : il vit l'Esprit de Dieu descendre comme une colombe et venir sur Jésus-Christ. Et une voix venant des deux déclara: "Celui-ci est mon Fils bien-aimé; je mets en lui toute ma joie» (Matthieu 3 : 16 - 17)

Question 19 : Chacune des trois personnes divines est-elle Dieu en soi ?

Oui, elles sont égales en toutes choses.

« Celui qui doit vous aider, le Saint-Esprit que le père enverra en mon nom, vous enseignera tout et vous rappellera tout ce que je vous ai dit.» (Jean 15:26)

Question 20 : Les trois personnes divines ne seraient-elles pas trois Dieux ?

Non, elles ne font qu'un seul et même Dieu, parce qu'elles n'ont qu'une seule et même nature divine, même action et même suprématie.

Question 21 : Comment pouvons-nous identifier chacune des trois personnes divines ?

Le Fils, qui est né du Père avant tous les temps, était et est toujours avec le Père. La spécificité de la première personne (le Père) est la Paternité, celle de la deuxième personne (le Fils) est la filiation et la Rédemption, celle de la troisième personne (Le Saint-Esprit) est l'émergence. Les trois personnes sont ainsi identifiées.

de la CRÉATION

Question 22 : Qu'est-ce que la Création ?

La Création signifie que la puissance divine a créé toutes choses à partir du néant.

Question 23 : En combien de jours Dieu a-t-il créé les créatures ?

Dieu a créé les créatures en six jours.

Question 24 : Dieu, qu'est-ce qu'il créa le premier jour ?

Le premier jour. Dieu créa le ciel et la terre submergée d'eau, et il sépara la lumière des ténèbres.

Question 25 : Qu'est-ce qu'il créa le deuxième jour?

Le deuxième jour, Dieu créa le ciel visible.

Question 26 : Qu'est-ce qu'il fit le troisième jour ?

Le troisième jour. Dieu rassembla les eaux en un seul endroit et laissa la terre pousser des végétaux et des arbres.

Question 27 : Qu'est-ce qu'il fit le quatrième jour ?

Le quatrième jour. Dieu créa le soleil, la lune et les étoiles.

Question 28 : Le cinquième jour, qu'est-ce qu'il créa ?

Le cinquième jour. Dieu créa les poissons, les baleines et les animaux aquatiques.

Question 29 : Le sixième jour, qu'est-ce qu'il fit ?

Le sixième jour. Dieu ordonna la terre pour qu'elle donne des créatures animales : des bêtes de toutes sortes et des insectes, puis il créa l'homme.

Question 30 : Le septième jour, qu'est-ce qu'il fit ?

Le septième jour. Dieu se reposa.

Question 31 : Pourquoi Dieu a-t-il créé le ciel et la terre et tout ce qu'ils contiennent ?

Dieu les a créés pour sa gloire et notre bonheur.

des ANGES

Question 32 : Qui sont les anges ?

Les anges sont de purs esprits (invisibles), créés à l'image et à la ressemblance de Dieu, pour l'adorer et le servir. Ils sont nombreux et surpassent les hommes en connaissance, savoir, pureté et puissance.

« Ce sont tous des esprits qui servent Dieu et sont envoyés par lui pour apporter de l'aide à ceux qui doivent recevoir le salut.» (Hébreux 1:14)

« Quand le Fils de l'homme viendra comme roi avec tous les anges, il s'assiéra sur son trône glorieux.» (Matthieu 25:31)

** Leurs anges dans les deux se tiennent continuellement en présence de mon Père qui est dans les cieux.»(Matthieu 18 : 10)*

«r Tout à coup, il y eut avec l'ange une troupe nombreuse d'anges du ciel.» (Luc 2:13)

« Un million d'anges le servaient, et mille millions assistaient devant lui.» (Daniel 7:10)

« Bénissez tous le Seigneur, vous tous qui êtes puissants et remplis de forces.» (Psaume 103:20)

Question 33 : Quelles sont les fonctions des anges ?

Les anges sont créés par Dieu pour l'adorer et transmettre sa volonté à l'homme. Ils ont souvent été envoyés par Dieu comme messagers; et ils sont aussi consacrés comme gardiens et guides, à nous foire du bien, car Dieu a dédié à chacun son ange gardien.

« Bénissez tous le Seigneur, vous tous qui êtes ses anges, qui êtes puissants et remplis de forces, qui faites ce qu 'il vous dit, pour obéir à sa voie et à ses ordres. Bénissez tous le Seigneur, vous qui êtes ses armées célestes et les ministres qui faites ses volontés.» (Psaume 103:20-21)

« Ce sont tous des esprits qui servent Dieu et sont envoyés par lui pour apporter de l'aide à ceux qui doivent recevoir le salut. »(Hébreux 1:14)

« Parce qu 'il a commandé à ses anges de vous garder dans toutes vos voies. Ils vous porteront dans leurs mains, de peur que vous ne heurtiez votre pied contre la pierre.» (Psaume 91: 11 - 12)

- Une troupe d'anges louaient Dieu à la naissance de Jésus-Christ (Luc 2:13-14), - L'ange gardien donna la liberté à St-Pierre (Actes 12: 5 - 11), L'ange gardien boucha les gueules des lions et sauva Daniel (Daniel 6), - Les anges portèrent Lazare à côté d'Abraham (Luc 16 : 22)

Question 34 : Combien sont les grades des anges ?

Les grades des anges sont au nombre de neuf (9) : Les Séraphins, les Chérubins, les Trônes, les Suprématies, les Gardes, les Sultans, les Leaders, les Archanges et les Anges. des DIABLES

Question 35 : Qui sont les diables ?

Les diables étaient des anges, mais péchèrent (par l'orgueil) contre le Créateur; et furent précipités avec leur chef dans l'enfer.

** Car Dieu n 'a pas épargné les anges qui avaient péché, mais il les a jetés dans l'enfer où ils sont gardés enchaînés dans l'obscurité pour le jour du jugement.» (2 Pierre 2:4)*

Question 36 : Quelles sont leurs caractéristiques ?

Les diables sont méchants, rusés, puissants et nombreux.

« Car nous n 'avons pas à lutter contre des êtres humains, mais contre les puissances spirituelles mauvaises du monde céleste, les autorités, les pouvoirs et les maîtres de ce monde obscur.» (Ephésiens 6: 12)

«(Jésus) lui demanda : "Quel est ton nom?" Il lui répondit "Mon nom est <multitude>, car nous sommes nombreux".» (Marc 5:9)

Question 37 : Que font les diables ?

Les diables sont à la fois les ennemis de Dieu et de l'homme; ils cherchent activement à détruire les actes de Dieu.

** Il (le diable) a été meurtrier dès le commencement. Il ne s'est jamais tenu dans la vérité parce qu'il n'y a pas de vérité en lui. Quand il dit des mensonges, il parle de la manière qui lui est naturelle, parce qu 'il est menteur et père du mensonge.» (Jean 8 : 44)*

** Ayez l'esprit éveillé, prenez garde! Car votre adversaire, le diable, rôde comme un lion rugissant, cherchant quelqu'un à dévorer, soyez fermes dans la foi et résistez-lui, car vous savez que vos frères répandus dans le monde entier passent par les mêmes souffrances.» (1 Pierre5:8-9)*

- Le diable(le serpent) conduisit Ève au péché (Genèse 3: 1 - 5), - Le diable a cherché à détruire Job (Job 2),-Le diable essaya de tendre le piège à Jésus-Christ. (Matthieu 4:1-11)

Question 38 : Le diable, peut-il forcer l'homme à foire le mal ?

Non, il ne peut jamais l'obliger à foire le mal, cependant il se sert de ruses pour le tromper.

Question 39 : Avons-nous un signe pour chasser le diable ?

Oui, le signe de la Sainte Croix.

Prière à Notre-Dame du Calvaire

O Vierge de toutes grâces, regarde-nous,
Tourne vers tous ton regard miséricordieux, obtiens pour nous ce dont tes fils ont le plus besoin.
Ouvre le coeur de ceux qui sont dans l'abondance aux besoins des pauvres et de ceux qui souffrent.
Aide les sans, emploi à rencontrer un employeur.
Aide ceux qui sont à la rue à trouver un logement.
Aux familles, donne l'amour
Qui permet de dépasser toutes les difficultés.
Aux jeunes, montre le chemin et les perspectives pour l'avenir.
Amen !

de L'HOMME

Question 40 : Quelle est la plus noble créature ?

L'homme est la plus noble créature parce qu'au début de la création. Dieu bâtit son corps, lui donna une âme sage, lui confit la suprématie sur la terre; il fut créé à l'image de Dieu et à sa ressemblance, c est-ce qu'il y a de plus important.

** Le Seigneur Dieu forma donc Adam du limon de la terre; il répandit sur son visage un souffle de vie, et l'homme devint vivant et animé. » (Genèse 2:7)*

« Il dit ensuite: Faisons l'homme à notre image et à notre ressemblance, et qu'il commande aux poissons de la mer, aux oiseaux du ciel, aux bêtes de toute la terre, et à tous les reptiles qui se remuent sous le ciel. Dieu créa donc l'homme à son image; il les créa mâle et femelle.» (Genèse 1: 26 -27)

Question 41 : Que veut dire « à l'image de Dieu et à sa ressemblance » ?

« à l'image de Dieu et à sa ressemblance » veut dire :

A - Que l'homme fut créé à l'image de Dieu et à sa ressemblance; et était infiniment heureux par cette con naissance, surtout après l'incarnation du Seigneur Jésus-Christ.

« Et vous (l'homme) vous êtes revêtus de la nouvelle nature: celle de l'homme nouveau qui se renouvelle continuellement à l'image de Dieu son Créateur.» (Colossiens 3 : 10)

B - L'homme était parfaitement pur et sain.

< Revêtez-vous par de la nouvelle nature, qui est créée à la ressemblance de Dieu et se manifeste dans la vie juste et sainte qu 'inspire la vérité. » (Ephésiens 4:24)

Question 42 : L'homme, créé à l'image de Dieu, a-t-il conservé intacte cette image ?

L'homme a perdu cette image lorsqu'il tomba dans le péché. Cependant le renouvellement de cette image commence entre les croyants et ne s'accomplira qu'au ciel.

Question 43 : Comment Dieu a-t-il puni nos premiers parents, Adam et Ève ?

Adam et Ève furent condamnés à mourir; ils furent chassés du paradis terrestre à la terre de souffrance. Ils perdirent la grâce et furent soumis à l'ignorance et à la tentation ainsi qu'à l'esclavage du péché du diable. Par le fait même, leur péché s'étendit à tout le genre humain.

Question 44 : Dieu, a-t-il abandonné l'homme après sa chute dans le péché ?

Non, car Dieu a eu pitié de l'homme en promettant de lui envoyer le Rédempteur.

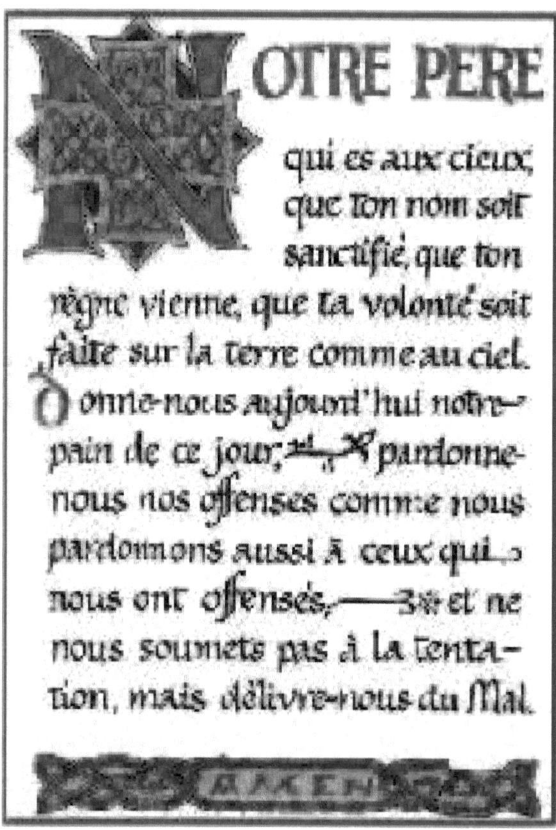

de L'INCARNATION

Question 45 : Qu'est-ce que l'incarnation ?

L'incarnation signifie que l'unique Fils de Dieu, c'est-à-dire la deuxième personne divine de la Sainte Trinité, a pris corps et s'est fait homme.

Question 46 : Ce mystère, comment s'est-il accompli ?

Quand le temps fut venu. Dieu envoya l'ange Gabriel à la Vierge Marie pour lui annoncer qu'elle sera enceinte par la grâce et la puissance du Saint-Esprit. En effet le Saint-Esprit a purifié Marie du péché originel et l'a remplie de grâce, alors l'unique Fils de Dieu descendit dans ses entrailles et a aussitôt pris corps et âme complets; et neuf mois après l'Annonciation, Jésus est né de Marie qui est toujours restée, surnaturellement. Vierge.

<Le sixième mois. Dieu envoya l'ange Gabriel dans une ville de Galilée nommée Nazareth, chez une jeune fille fiancée à un homme appelé Joseph, qui était un descendant du roi David; le nom de la jeune fille était Marie.» (Luc 1:26-27)

« Marie dit à l'ange: "Comment cela sera-t-il possible, puisque je suis vierge?" L'ange lui répondit: "Le Saint-Esprit viendra sur toi et la puissance du Dieu très haut te couvrira comme d'une ombre. C'est pourquoi on appellera Saint et Fils de Dieu l'enfant qui doit naître.» (Luc 1:34 - 36)

Question 47 : Comment s'appelle le Dieu incarné ?

Son nom est : notre Seigneur Jésus-Christ.

Question 48 : Pourquoi s'appelle-t-il Jésus ?

Il s'appelle Jésus parce qu'il est l'unique Sauveur de l'humanité.

« Elle mettra au monde un fils, que tu appelleras Jésus, car il sauvera son peuple de ses péchés.» (Matthieu 1:21)

« Le salut ne s'obtient qu 'en lui seul, car nulle part dans le monde entier Dieu n'a donné aux hommes le nom de quelqu'un d'autre par qui nous pourrions être sauvés.» (Actes 4:12)

Question 49 : Pourquoi est-il appelé le Christ ?

Il s'appelle le Christ ou le Messie (selon les Écritures) parce qu'il s'est infiniment comblé du Saint-Esprit.

Vous savez comment Dieu a répandu la puissance du Saint-Esprit sur Jésus de Nazareth. Vous savez aussi comment Jésus a parcouru le pays en faisant le bien et en guérissant tous ceux qui étaient sous le pouvoir du diable, car Dieu était avec lui.» (Actes 10:38)

+ D'autres noms ont été attribués à Jésus-Christ, comme :

"Le Seigneur" (Jean 20 : 28)

"Le Rédempteur" (Luc 2:11)

"La Parole de Dieu " (Jean 1:14)

"Le Fils de Dieu" (Matthieu 16:6)

"Le Fils de l'homme" (Matthieu 25 : 31)

"Emmanuel" (Matthieu 1 : 23)

Question 50 : Comment croyons-nous en Jésus-Christ ?

Nous croyons que sa divinité et son corps se sont unis d'une façon substantielle. Il n'est qu'un seul Dieu, et il n'a (après l'union) qu'une seule nature, une seule personne, une seule volonté et un seul acte. La nature divine et la nature humaine se sont unis en Jésus-Christ d'une manière inséparable, sans mélange, confusion, mixture, changement ou transformation.

« La parole est devenue un être humain et a vécu parmi nous, pleine de grâce et de vérité.» (Jean 1 : 14)

« Il est grand le secret de notre religion! Il est apparu comme un être humain.» (1 Timothée 3 :16)

« Car tout ce que Dieu est, a pris corps dans le Christ pour être pleinement présent en lui.» (Colossiens 2:9)

« Jésus s'approcha et leur dit: "Tout pouvoir m'a été donné dans le ciel et sur la terre.» (Matthieu 28: 18)

** Je vais être avec vous tous les jours, jusqu'à la Jin du monde. » (Matthieu 28 : 20)*

« Ainsi vous avez fait mourir le maître de la vie.» (Actes 3 : 15)

« Et le sang de Jésus, son Fils, nous purifie de tout péché.» (1 Jean 1: 7)

Question 51 : Le Christ combien de fois est-t-il né ?

Le Christ a eu deux naissances: la première est éternelle du Père éternel, et la deuxième naissance est temporelle de la Vierge Marie.

Question 52 : Lorsque vous dites : "Je croix en Jésus-Christ, que voulez-vous dire par là ?

Je veux dire par là que : je reconnais et j'accepte le Christ parce qu'il est le Seigneur qui sauve quiconque a cru et croit en lui.

« La vie éternelle consiste pour eux à te connaître, toi le seul véritable Dieu, et à connaître Jésus-Christ, que tu as envoyé.»(Jean 17:3)

« Celui qui croit au Fils a la vie éternelle; celui qui désobéit au Fils n'aura pas cette vie, mais la colère de Dieu demeurera sur lui. » (Jean 3:36)

«r Mais je demeure plein d'assurance, car je sais en qui j'ai mis ma confiance et je suis certain qu'il a le pouvoir de garder jusqu'à ce Jour-là ce qu'il m'a confié.» (2 Timothée 1:12)

Question 53 : Où Jésus-Christ est-il né ?

Jésus-Christ est né à Bethléem.

Question 54 : La Vierge s'appelle-t-elle Mère de Dieu ?

Oui, elle s'appelle la Mère de Dieu car elle a donné naissance au Christ-Dieu qui s'est vraiment fait homme.

Question 55 : La Vierge est-elle restée vierge suite à la naissance de Jésus ?

Oui.

Question 56 : Qui est le Christ ?

Jésus-Christ est vraiment Dieu, né du Père avant tous les temps, il est aussi un homme véritable, né de la Vierge Marie.

Question 57 : Pourquoi croyons-nous que Jésus- Christ est vraiment Dieu ?

Je crois que Jésus-Christ est vraiment Dieu parce que l'Évangile Saint lui attribue :

A - Des noms divins.

« Nous savons que le Fils de Dieu est venu et qu'il nous a donné l'intelligence pour que nous connaissions le Dieu véritable.

Nous demeurons unis au Dieu véritable par son Fils Jésus-Christ. C'est lui le Dieu véritable, c'est lui la vie éternelle»(l Jean 5:20)

« Thomas lui (à Jésus) répondit: "Mon Seigneur et Mon Dieu ! "» (Jean

20:28)

« Et du nuage une voix se fit entendre: "Celui-ci est mon Fils bien aimé en qui je mets toute ma joie. Écoutez-le!",»(Matthieu 17:5)

« Ils sont les descendants des patriarches et le Christ, en tant qu'être humain, est de leur race, lui qui est au-dessus de tout. Dieu loué pour toujours. Amen.» (Romains 9:5)

B - Attributs Divins.

(L'Éternité) : *« Avant que Dieu crée le monde, la Parole existait déjà.; la Parole était avec Dieu, et la Parole était Dieu.» (Jean 1:1-2)*

(La Constance) : *«Jésus-Christ est le même hier, aujourd'hui et pour toujours. » (Hébreux 13 : 8)*

(L'Omniprésence) *: «Je vais être avec vous tous les jours, jusqu'à la fin du monde. » (Matthieu 28:20)*

(L'Omniscience) : *« Seigneur tu sais tout»(Jean 21:17)*

(L'Omnipotence) : *« Tout pouvoir m'a été donné dans le ciel et sur la terre. » (Matthieu 28: 18)*

C - Actes Divins.

(La Création) : *« Dieu a fait toutes choses par elle (la Parole) ; rien de ce qui existe n 'a était fait sans elle. »(Jean 1:3)*

(La Puissance) : *« Il (le Christ) reflète la splendeur de la gloire divine; il est la représentation exacte de ce que Dieu est, et il soutient l'univers par sa parole puissante.» (Hébreux 1:3)*

(La Rémission des péchés) : *« Le Fils de l'homme a le pouvoir sur la terre de pardonner les péchés» (Matthieu 9:6)*

(Le Juge) : *« Et il (le Père) a donné au Fils le droit de juger, parce qu'il est le Fils de l'homme. » (Jean 5:27)*

D - Gloire et Honneur divins.

« Afin que tous les hommes honorent le Fils, comme ils honorent le Père. Celui qui n'honore pas le Fils, n'honore pas le Père qu'il l'a envoyé. » (Jean 5:23)

« Tous les anges de Dieu doivent l'honorer.» (Hébreux 1 : 6)

Question 58 : Pourquoi croyons-nous que Jésus-Christ est un Dieu incarné ?

Je crois que Jésus-Christ est un Dieu véritable et un homme véritable parce que l'Évangile Saint le décrit clairement ainsi:

A - Il est un homme parfait, comme il est un Dieu parfait. *« Car il y a un seul Dieu, et il y a un seul intermédiaire entre Dieu et les hommes.l'homme*

Jésus-Christ» (1 Timothée 2:5)

B - Il a un corps et un esprit humains *«"Touchez-moi et voyez, car un esprit n 'a ni chair ni os, comme vous pouvez constater que j'en ai".» (Luc 24:39)* *< Il leur dit alors: "Mon coeur est plein d'une tristesse de mort. » (Matthieu 26:38)*

C - Il a des sensations et actes humains à l'exception du péché.

Jésus dormit comme tout homme (Marc 4 : 38)

Il eut foim (Matthieu 4:2)

Il eut soif (Jean 19 : 28)

Il pleura (Jean 11 : 35)

Il souffrit et mourut (Matthieu chap. 26 et 27)

Question 59 : Pourquoi il a fallu que notre Sauveur soit un homme véritable ?

A - Pour qu'il nous remplace dans sa soumission à la loi.

« Quand le moment fixé fût arrivé, Dieu envoya son Fils : il naquit d'une femme et fût soumis à la loi juive, afin de délivrer ceux qui étaient soumis à la loi, pour que nous puissions ainsi devenir fils de Dieu.» (Galatea 4:4-5)

B - Pour souffrir et mourir au lieu de nous.

« Puisque les enfants, comme il les appelle, sont de chair et de sang, Jésus lui-même est devenu comme eux et a participé à leur nature humaine. Il l'a fait afin de détruire par sa mort le diable, qui détient la puissance de la mort.» (Hébreux 2: 14)

Question 60 : Pourquoi il a fallu que notre Sauveur soit un Dieu véritable ?

Il a fallu que notre Sauveur soit un Dieu véritable :

A - Pour que son accomplissement de la loi soit suffisant

pour toute l'humanité.

« De même que la désobéissance d'un seul a rendu beaucoup d'hommes pécheurs, de même l'obéissance d'un seul rendra beaucoup d'hommes justes devant Dieu»(Romains 5:19)

B - Pour que sa vie et sa mort nous servent de sacrifice suffisant à notre rédemption.

« Car le Fils de l'homme lui-même n 'est pas venu pour se foire servir, mais il est venu pour servir et donner sa vie comme prix pour la libération de beaucoup d hommes. »(Marc 10:45)

C - Pour qu'il puisse vaincre pour nous la mort et le diable.

** Mais il nous l'a (la grâce) manifestée maintenant par l'apparition de notre Sauveur Jésus-Christ. Car Jésus-Christ a mis fin au pouvoir de la mort et, au moyen de la Bonne nouvelle, il a révélé la vie immortelle.» (2 Timothée 1:10)*

«Puisque les enfants, comme il les appelle, sont de chair et de sang, Jésus lui-même est devenu comme eux et a participé à leur nature humaine. Il l'a fait afin de détruire par sa mort le diable, qui détient la puissance de la mort»(Hébreux 2:14)

« Mais loué soit Dieu qui nous donne la victoire par notre Seigneur Jésus-Christ.» (1 Corinthiens 15: 57)

des ACTES de JÉSUS-CHRIST et de la RÉDEMPTION

Question 61 : Quand Jésus-Christ commença-t-il ses actes ?

Quand il eut trente ans, Jésus s'est fait baptisé par Jean Baptiste dans le fleuve du Jourdain, puis il s'isola dans le désert, là il jeûna pendant quarante joins et quarante nuits, et vainquit la tentation du diable qui essaya : gourmandise, orgueil et cupidité.

Question 62 : Quelles sont les trois missions que Jésus portait en lui >

Jésus avait pour nous trois missions : d'être un Prophète, un Prêtre et un Roi.

A - Comme Prophète, il s'est montré lui-même par la parole, les actes et prédication de l'Évangile, qu'il est le Fils de Dieu et le Rédempteur du monde.

«r "Celui-ci est mon Fils bien-aimé en qui je mets toute ma joie, Écoutez-le (Matthieu 17:5)

« Dieu qui nous a donné la loi par Moïse; mais la grâce et la vérité sont venues par Jésus-Christ. Personne n 'a jamais vu Dieu. Mais le Fils unique, qui est Dieu et demeure auprès du Père, l'a fait connaître.» (Jean 1:17-18)

« "Celui qui vous écoute, m'écoute; celui qui vous rejette, me rejette; et celui qui me rejette, rejette celui qui m'a envoyé"» (Luc 10:16)

B - comme Prêtre, Jésus accomplit pleinement la loi en s'offrant lui-même comme sacrifice pour notre salut; il continue d'intercéder pour nous auprès de son Père céleste.

« Quand le moment fixé fut arrivé. Dieu envoya son Fils : il naquit d'une femme et fut soumis à la loi, pour que nous puissions ainsi devenir fils de Dieu.» (Galates 4:4-5)

« Le Christ est mort pour nos péchés, comme l'avaient annoncé les Écritures.» (1 Corinthiens 15:3)

« Jésus est donc le Grand-Prêtre qu'il nous fallait. Il est saint, il n'y a aucun mal et aucun péché en lui, il a été séparé des pécheurs et élevé au-dessus des deux. Il n'est pas comme les autres grands-prêtres: il n'a pas besoin d'offrir chaque jour des sacrifices, d'abord pour ses propres péchés et ensuite pour ceux du peuple. Il a offert un sacrifice une fois pour toutes, quand il s'est offert lui-même.» (Hébreux 7:26-27)

« S'il arrive à quelqu'un de pécher, nous avons un avocat auprès du Père: Jésus-Christ, le juste. Car Jésus-Christ est celui qui a été offert pour que

nos péchés soient pardonnés, et non seulement les nôtres, mais aussi ceux de tous les hommes. » (1 Jean 2:1-2)

C - Comme Roi, Jésus est le Tout-Puissant qui règne sur toutes les créatures; il veille sur son Église et la dirige, à la fin, vers la gloire.

* *"Tout pouvoir m'a été donné dans le ciel et sur la terre ". » (Matthieu 28:18)(le Règne sur toutes les créatures)*

«Jésus répondit:"Mon royaume n'appartient pas à ce monde; si mon royaume appartenait à ce monde, mes serviteurs auraient combattu pour empêcher qu'on me livre aux Juifs. Mais non, mon royaume n'appartient pas à ce monde". Pilate dit alors: "Tu es donc roi ?" Jésus répondit: "Tu le dis: je suis roi. Je suis né et je suis venu dans le monde pour parler de la vérité. Tout homme qui appartient à la vérité écoute ce que je dis»(Jean 18:36-37)

« Le Seigneur me délivrera de tout mal et me fera entrer

sain et sauf dans son Royaume céleste. À lui soit la gloire pour toujours! Amen.» (2 Timothée 4 : 18)(le Règne de la gloire - l'Église au ciel)

Question 63 : Quels sont les actes rédempteurs du Christ ?

Les actes rédempteurs du Christ sont: son Incarnation, sa Mort et sa Résurrection.

Question 64 : Comment ces actes se sont-ils apparus en Jésus-Chris ?

Les actes du Christ se sont ainsi manifestés : Jésus, même avant sa mort, fit apparaître sa divinité; et pendant sa mort, sa résurrection et son ascension au ciel, il montra son corps à travers sa divinité.

« Ayez entre vous les sentiments qui viennent de Jésus-Christ; il possédait depuis toujours la condition divine; mais il n 'a pas estimé qu 'il devait chercher à se foire de force l'égal de Dieu. Au contraire, il a de lui-même renoncé à tout ce qu'il avait et il a pris la condition d'esclave. Il est devenu semblable aux hommes, il a paru dans une situation d'homme. Il a accepté de vivre dans l'humilité et s'est montré obéissant jusqu'à la mort, la mort sur la croix.» (Philipiens 2:5-8)

Question 63 : Que nous enseigne l'Évangile Saint au sujet de la Conception divine ?

L'Évangile Saint nous apprend que par le pouvoir surnaturel de l'EspritSaint, Jésus-Christ -Fils de Dieu- a pris un corps et une âme humains dans les entrailles de la Vierge Marie. « L'ange lui répondit: *"Le Saint-Esprit viendra sur toi et la puissance du Dieu très haut te couvrira comme d'une ombre. C'est pourquoi on appellera saint et Fils de Dieu l'enfant qui doit naître".» (Luc 1:35)*

« "Joseph, descendant de David, ne crains pas de prendre Marie comme épouse, car c'est par la puissance du Saint-Esprit qu 'elle attend un enfant".» (Matthieu 1:20)

Question 66 : Que nous enseigne l'Évangile Saint à propos de la naissance du Christ ?

L'Évangile nous apprend que le Christ est né comme un homme véritable de la Vierge Marie.

« Une vierge concevra, et elle enfantera un fils qui sera appelé <Emmanuel> (Isaïe 7 : 14) (la naissance de Jésus d'une Vierge) - Voir aussi (Matthieu 1:18)

Elle mit au monde un fils, son premier-né. Elle l'enveloppa de langes et le coucha dans une crèche, parce qu'il n'y avait pas de place pour eux dans la maison. » (Luc 2:7)

Question 67 : Que nous enseigne l'Évangile Saint concernant la Passion et la Mort du Christ ?

L'Évangile Saint nous apprend ce qui suit:

A - Que, durant sa vie sur la terre, Jésus endura la pauvreté, le mépris et la persécution.

« Car vous connaissez la grâce de notre Seigneur Jésus-Christ; lui qui était riche il s'est fait pauvre pour vous, afin de vous enrichir par sa pauvreté.» (2 Corinthiens 8:9)

« "Les renards ont des terriers et les oiseaux ont des nids, mais le Fils de l'homme n 'a pas un endroit où il puisse se coucher pour se reposer".» (Matthieu 8:20)

« Mais maintenant, quoique je vous aie dit la vérité que j'ai apprise de Dieu, vous cherchez à me tuer.» (Jean 8: 40)

- À sa naissance, Jésus n'avait que des langes et une crèche modeste (Luc 2:7). Hérode voulut la mort du Christ qui s'enfuit en Égypte (Matthieu 2 : 13). - À Nazareth, les Juifs tentèrent de pousser Jésus du sommet de la montagne vers l'abîme (Luc 4 : 29).- Au temple, les Juifs essayaient de lui lancer des pierres (Jean 8 : 59).

B - À l'époque de Ponce Pilate, Jésus-Christ endura les plus dures des douleurs en corps et en âme.

« Pilate ordonna de prendre Jésus et de le frapper à coups de fouet. Les soldats tressèrent une couronne avec des épines et la posèrent sur la tête de Jésus; ils le revêtirent aussi d'un manteau rouge foncé. Ils s'approchaient de

lui et lui disaient: "Salut, roi des Juif!" Et lui donnaient des gifles.» (Jean 19: 1 - 3)

« Alors Pilate leur livra Jésus, pour qu 'on le cloue sur une croix. Ils se saisirent donc de Jésus. Jésus sortit de la ville, en portant lui-même sa croix, pour aller à un endroit appelé "le lieu du Crâne" (qu'on nomme <Golgotha> en hébreu) Là, les soldats clouèrent Jésus sur la croix. » (Jean 19:16- 18)

« Vers neuve heures, Jésus cria d'une voix forte: "Eli, Eli, lema sabachthani ?", ce qui signifie: Mon Dieu, mon Dieu, pourquoi m'as-tu abandonné ?» (Matthieu 27: 46)

C - *Jésus est mort le Vendredi Saint sur la Croix qui était (un symbole de malédiction). « Puis il baissa la tête et mourut. »(Jean 19:30)*

« Le Christ en devenant objet de malédiction à notre place, nous a délivrés de la malédiction de la loi. L'Écriture déclare en effet: "Maudit soit tout homme qui est pendu à un arbre."» (Galates 3:13)

Question 68 : De quelle façon, le Christ est-il mort?

Jésus mourut lorsque son âme se sépara de son corps, cependant sa divinité n'a jamais quitté ni son âme ni son corps.

« Quand ils arrivèrent à Jésus, ils virent qu 'il était déjà mort; c'est pourquoi ils ne lui brisèrent pas les jambes. Mais un des soldats lui perça le côté avec sa lance, et du sang et de l'eau en sortirent aussitôt. L'homme qui rapporte ces faits les a vus, et ce qu'il rapporte est vrai. Il sait, lui, qu'il dit la vérité, afin que vous aussi vous croyiez.» (Jean 19: 33 - 35)

Question 69 : Y-a-t-il eu de miracles à l'instant de la mort du Christ

Oui, le soleil cessa de briller, le rideau du temple se déchira par le milieu, la terre trembla, les rochers se fendirent, les tombeaux s'ouvrirent et des morts revinrent à la vie.

« Le soleil cessa de briller et le rideau suspendu dans le temple se déchira par le milieu. » (Luc 23 : 45)

« À ce moment, le rideau suspendu dans le temple se déchira depuis le haut jusqu'en bas. La terre trembla, les rochers se fendirent, les tombeaux s'ouvrirent et de nombreux membres du peuple de Dieu qui étaient morts revinrent à la vie.» (Matthieu 27:51-52)

Question 70 : Le corps du Christ, où fut-il enseveli ?

Le corps du Christ fut mis dans un tombeau neuf, sculpté dans les rochers sous la surveillance des soldats. Le corps du Christ demeura dans le Saint

Sépulcre pendant trois jours sans aucune trace de dégradation ou de pourriture.

« Mais celui que Dieu a ramené à la vie n 'a pas connu la pourriture. » (Actes 13 : 37)

Question 71 : Après la mort du Christ, son âme où est-elle partie ?

L'âme du Christ descendit aux enfers, c'est-à-dire dans les limbes, où étaient détenues les âmes de tous les justes morts dans l'espérance et les a fait monter au paradis. Car l'Évangile Saint nous apprend que le Christ, même au tombeau était vivant par l'EspritSaint; et il est allé à l'enfer non pour souffrir, mais pour annoncer sa victoire sur ses ennemis.

** En effet, le Christ lui-même est mort pour vous; il est mort une fois pour toutes pour les péchés des hommes; lui qui était bon il est mort pour les méchants, afin de vous amener à Dieu. Il a était mis à mort dans son corps humain, mais il a été rendu à la vie par le Saint-Esprit. Par cet Ésprit, il est même allé prêcher aux esprits emprisonnés.» (1 Pierre 3 : 18-19)*

de la RÉDEMPTION

Question 72 : Dans quel but le Christ s'est-il livré lui-même ?

Le Christ s'est livré lui-même pour me racheter, moi, qui est l'homme perdu et condamné.

Question 73 : De quelle chose le Christ vous a-t-il délivré ?

Le Christ m'a délivré de tous mes péchés, de la mort et du pouvoir du diable.

Question 74 : Comment le Christ vous a-t-il délivré de tous les péchés ?

A - Le Christ a enduré, à ma place, la souffrance et effaça ainsi toutes mes fautes.

« De même que la désobéissance d'un seul a rendu beaucoup d'hommes pécheurs, de même l'obéissance d'un seul rendra beaucoup d'hommes justes devant Dieu. »(Romains 5:19)

« Le Christ était sans péché, mais Dieu l'a rendu solidaire de notre péché, afin que nous puissions, dans l'union avec le Christ, bénéficier de l'oeuvre par laquelle Dieu nous rend justes.» (2 Corinthiens 5: 21)

« "Voici l'agneau de Dieu qui enlève le péché du monde".» (Jean 1:29)

« Le Christ, en devenant objet de malédiction à notre place, nous a délivrés de la malédiction de la loi. L'Écriture déclare en effet: "Maudit soit tout homme qui est pendu à un arbre".» (Galates 3 : 13)

B - Le Christ m'a délivré de la soumission au péché.

Et le Christ lui-même a porté dans son corps nos péchés sur la croix, afin que nous mourions au péché et que nous vivions d'une vie juste. » (1 Pierre 2: 24)

"Je vous le déclare, c'est la vérité : tout homme qui pèche est un esclave du péché. Un esclave ne fait pas toujours partie de la famille, mais un fils en fait partie pour toujours. Si le Fils vous rend libres, vous serez vraiment libres. » (Jean 8:34 - 36)

Question 75 : Comment le Christ vous a-t-il racheté de la mort ?

Le Christ vainquit la mort, voilà pourquoi je ne crains plus jamais la mort temporaire du corps tant que la mon éternelle n'a aucun pouvoir sur moi.

« "O mort, oü est ton pouvoir de blesser?" La mort tient du péché son pouvoir de blesser, et le péché tient son pouvoir de la loi. Mais loué soit

Dieu qui nous donne la victoire par notre Seigneur Jésus-Christ!".» (1 Corinthiens 15: 55 - 57)

«r Mais il nous l'a manifestée maintenant par l'apparition de notre Sauveur Jésus-Christ. Car Jésus-Christ a mis Jin au pouvoir de la mort et, au moyen de la Bonne Nouvelle, il a révélé la vie immortelle.» (2 Timothée 1:10)

Question 76 : Comment le Christ vous a-t-il racheté du pouvoir du diable ?

Le Christ abattit et vainquit le diable, c'est pourquoi le diable n'a aucun pouvoir de m'accuser, car je suis capable de foire échouer ses tentations.

« Celui qui continue à pécher appartient au diable, car le diable a péché dès le commencement. Le Fils de Dieu est apparu précisément pour détruire les oeuvres du diable.» (1 Jean 3:8)

«Soumettez-vous donc à Dieu; résistez au diable et il Juira loin de vous. » (Jacques 4:7)

Question 77 : Par quel moyen le Christ vous a-t-il racheté ?

Le Christ m'a racheté, non pas par de l'or ou l'argent, mais par ses souffrances et sa mon en versant son sang précieux pour nous, lui qui est innocent.

« Vous savez, en effet, à quel prix vous avez été délivrés de

l'inutile manière de vivre que vos ancêtres vous avait transmise. Ce ne fut pas au moyen d'objets qui perdent leur valeur, comme l'argent ou l'or; non, vous avez été délivrés par le sacrifice du Christ, lui qui a été comme agneau sans défaut et sans tache.» (1 Pierre 1:18 - 19)

« Le sang de Jésus, son Fils, nous purifie de tout péché.» (1 Jean 1:7)

Question 78 : Comment bénéficiez-vous de la Rédemption ?

Jésus-Christ paya, à ma place, le prix de mes péchés, en se livrant lui-même. (la Rédemption à la place d'autrui)

« Le Christ était sans péché, mais Dieu l'a rendu solidaire de notre péché, afin que nous puissions, dans l'union avec le Christ, bénéficier de l'oeuvre par laquelle Dieu nous rend justes. »(2 Corinthiens 5: 21)

Question 79 : Le Christ vous a-t-il racheté et sauvé, vous seulement ?

Jésus-Christ m'a racheté ainsi que tous les hommes perdus et condamnés qui ont cru et ceux qui croiront en lui comme Rédempteur et Sauveur.

« Voici une parole certaine, qui mérite d'être entièrement reçue et crue:

Jésus-Christ est venu dans le monde pour sauver les pécheurs. Je suis le pire d'entre eux. » (1 Timothée 1:15)

« Car le Fils de l'homme est venu sauver ce qui était perdu.» (Matthieu 18:11)

« "Voici l'agneau de Dieu qui enlève le péché du monde. "» (Jean 1:29)

« Jésus-Christ est celui qui a été offert pour que nos péchés soient pardonnés, et non seulement les nôtres, mais aussi ceux de tous les hommes.» (1 Jean 2:2)

Il est mort pour tous. » (2 Corinthiens 5:15)

« Ils introduiront des doctrines fausses, qui entraînent la destruction, et rejetteront le Maître qui les a sauvés; ils attireront ainsi sur eux une destruction soudaine. » (2 Pierre 2:1)

Question 80 : Où se trouve l'état de majesté en Jésus-Christ ?

L'état de majesté en Jésus-Christ réside dans le fait (pendant qu'il était dans sa nature humaine): il utilisait, totalement et toujours, les attributs divins rattachés à cette nature.

« C'est pourquoi Dieu l'a élevé à la plus haute place et lui a donné le nom qui est plus important que tout autre nom. Afin que, par respect pour le nom de Jésus, tous les êtres qui se trouvent dans les deux, sur la terre et sous la terre, tombent à genoux. Et que tous proclament que Jésus est le Seigneur, à la gloire de Dieu le Père.» (Philipiens 2:9-11)

Question 81 : Que nous enseigne l'Évangile Saint au sujet de la Résurrection du Christ ?

L'Évangile Saint nous apprend que le Christ est ressuscité glorieusement en triomphant de la mort, à l'aube du troisième jour (Dimanche). Et il s'est fait montrer vivant à ses disciples.

« Mais Dieu lui a rendu la vie le troisième jour; il lui a donné d'apparaître, non à tout le peuple, mais à nous que Dieu a choisis d'avance comme témoins. Nous avons mangé et bu avec lui après que Dieu l'a ramené de la mort à la vie» (Actes 10: 40- 41)

Il est revenu à la vie le troisième jour, comme l'avaient annoncé les Écritures; il est apparu à Pierre, puis aux douze apôtres. Ensuite, il est apparu à plus de cinq cents de ses disciples à la fois, la plupart d'entre eux sont encore vivants, mais quelques-uns sont morts. Ensuite, il est apparu à Jacques, puis à tous les apôtres. Enfin, après eux tous, il m'est aussi apparu à moi.» (1 Corinthiens 15: 4 - 8)

« Après sa mort, il se montra à eux en leur prouvant de bien de manières qu

'il était vivant; pendant quarante jours, il leur apparu et leur parla du Royaume de Dieu. » (Actes 1:3)

À lire sur la Résurrection du Christ:

(Matthieu 27 : 62 - 66) et (Matthieu 28)

(Marc 16), (Luc 24), (Jean 20 et 21)

Question 82 : Pourquoi la Résurrection du Christ est importante et consolante pour nous ?

La Résurrection du Christ prouve d'une façon irréfutable ce qui suit :

A - Que le Christ est le Fils de Dieu.

« Selon l'EspritSaint, il (le Christ) a été manifesté Fils de Dieu avec puissance quand il a été ressuscité d'entre les morts.» (Romains 1: 4)

B - Qu'il est le Maître du temple matériel et humain.

« Jésus leur dit : "Détruisez ce temple et en trois jours je le rebâtirai".» (Jean 2:19)

C - Par le sacrifice de son Fils, Dieu accepta de se réconcilier avec l'humanité.

< Et si le Christ n 'est pas revenu à la vie, votre foi est une illusion et vous êtes encore perdus dans vos péchés.» (1 Corinthiens

15:17)

« Il (le Christ) a été livré à la mort à cause de nos péchés et il a été ramené à la vie pour nous rendre justes devant Dieu.» (Romains 4:25)

D - Tous les bons croyants seront ressuscités et hériteront la vie éternelle.

< Parce que je vis et vous vivrez aussi.» (Jean 14:19)

« Jésus lui dit: "Je suis la résurrection et la vie. Celui qui croit en moi vivra, même s'il meurt; et celui qui vit et croit en moi ne mourra jamais.» (Jean 11: 25 - 26)

Question 83 : Que nous enseigne l'Évangile Saint sur l'Ascension du Christ ?

L'Évangile Saint nous apprend que le Christ est monté, par son corps, au ciel le Jeudi appelé - jeudi de l'Ascension - et ce, d'une manière bien visible.

« Celui qui est descendu est le même que celui qui est monté au plus haut des cieux afin de remplir tout l'univers.» (Ephésiens 4 : 10)

« Père, tu me les as donnés, et je désire qu'ils soient avec moi là où je serai, afin qu'ils voient ma gloire» (Jean 17:24)

« Et après être allé vous préparer une place, je reviendrai et vous prendrai

auprès de moi, afin que vous soyez, vous aussi, là où je suis. » (Jean 14:3)

- À lire sur l'Ascension : (Luc 24:50 et 51), (Actes 1:9-11)

Question 84 : Que nous apprend l'Évangile Saint sur le Christ qu'il est assis à la droite du Père?

L'Évangile Saint nous apprend que le Christ-Dieu incarné règne aussi sur tout et remplit tout par sa puissance divine et sa majesté sainte, et est égal à son Père.

« Quand il (Dieu) a ramené le Christ de la mort à la vie et l'a fait asseoir à sa droite dans le monde céleste. Là, le Christ est placé au-dessus de toute autorité, de tout pouvoir; de toute puissance, de toute domination et tout autre nom, qui puisse être cité non seulement dans ce monde-ci mais aussi dans le monde à venir. Dieu a placé toutes choses sous les pieds du Christ et il l'a donné à l'Église comme chef suprême. L'Église est le corps du Christ; c'est en elle que le Christ est pleinement présent, lui qui remplit tout l'univers.»(Ephésiens 1:20 - 23)

Question 85 : Quelle consolation tirons-nous du fait que le Christ est assis à la droite de Dieu ?

La consolation qu'on peut avoir est que le Christ glorieux :

A - Il est monté au ciel

« Celui qui est descendu est le même que celui qui est monté au plus haut des deux afin de remplir tout l'univers. C'est lui qui a accordé des dons particuliers aux hommes il a donné aux uns d'être apôtres, à d'autres d'être prophètes, à d'autres d'être évangélistes, à d'autres d'être pasteurs et enseignants. Il a agit ainsi pour préparer les membres du peuple de Dieu à accomplir la tâche du service chrétien, pour foire progresser le corps du Christ dans la fbi»(Ephésiens 4:10-12)

B - Il est est notre intercesseur permanent, il intercède pour

nous auprès de Dieu.

« Mais s'il arrive à quelqu'un de pécher, nous avons un avocat auprès du Père : Jésus-Christ, le juste.» (1 Jean 2:1)

« Il (Jésus-Christ) est à la droite de Dieu et il prie pour nous.» (Romains 8:34)

C - Il est Roi, et son règne n'a pas de fin; à la tête de l'Église, il règne, veille sur elle et protège son bien.

« Le Seigneur a dit à mon Seigneur : Assieds-toi à ma droite, jusqu'à ce que je mette tes ennemis sous tes pieds.» (Matthieu 22 : 44)

Question 86 : À propos de la venue du Christ et le jour du dernier jugement, l'Évangile Saint qu'est-ce qu'il nous apprend ?

L'Évangile Saint nous apprend :

A - Que le Christ reviendra et se manifestera d'une manière visible et glorieuse.

« Ce Jésus, qui a été enlevé du milieu de vous pour aller au ciel, reviendra de la même manière que vous l'avez vu y partir» (Actes 1:11)

« Regardez, il vient avec les nuages! Tout homme le verra, même ceux qui l'ont transpercé. Tous les peuples de la terre se lamenteront à son sujet. Oui il en sera ainsi! Amen. » (Apocalypse. 1:7)

« Quand le Fils de l'homme viendra comme roi avec tous les anges, il s'assiéra sur son trône glorieux.» (Matthieu 25:31)

B - À sa venue il jugera le monde avec justice par sa

parole.

« Il (le Christ) nous a commandé de prêcher au peuple et de proclamer qu'il est celui que Dieu a établi pour juger les vivants et les morts.» (Actes 10: 42)

«r Car nous devons tous comparaître devant le Christ pour être jugés par lui, afin que chacun reçoive ce qui lui revient, selon qu'il aura fait en bien ou en mal pendant qu 'il était dans son corps.» (2 Corinthiens 5: 10)

** Il a en effet fixé un jour où il jugera le monde entier avec justice.» (Actes 17:31)*

« C'est l'enseignement que j'ai donné qui le condamnera au dernier jour.» (Jean 12: 48)

C - Qu'il (le Christ) viendra un Jour, inconnu des hommes.

«r Mais personne ne sait quand viendra ce jour ou cette heure, pas même les anges dans les deux, ni même le Fils; le Père seul le sait.» (Marc 13:32)

« Cependant, le jour du Seigneur viendra comme un voleur. En ce jour-là, les deux disparaîtront avec un bruit effrayant, les corps célestes seront détruits par le feu, la terre avec tout ce qu'elle contient cessera d'exister.»(2 Pierre 3 : 10)

«Comme l'éclair brille à travers le ciel de l'est à l'ouest, ainsi viendra le Fils de l'homme.» (Matthieu 24: 27)

« La fin de toutes choses est proche.» (1 Pierre 4:7)

- À lire sur le dernier jour dans (Matthieu 25 : 31), et sur les signaux qui précèdent la venue du Christ dans (Matthieu 24), et (2 Thessaloniciens 2)

Question 87 : Que signifie l'acte de Rédemption accompli par le Christ ?

Par l'acte de la Rédemption, le Christ visait :

A - Que je sois totalement consacré à lui, cela signifie que je vive d'une manière juste et sans blâme devant Dieu.

« Car tu as été mis à mort et, par la mort. Tu as racheté pour Dieu des hommes de toute tribu, de toute langue, de tout peuple et de toute nation.» (Apocalypse5:9)

« Vous ne vous appartenez pas à vous- mêmes.» (1 Corinthiens 6: 19)

B - Que je vive sous son règne dans son royaume et pour le servir, à jamais, dans la bonté, la pureté et la sainteté; cela signifie : le servir, volontairement durant toute ma vie sur terre, en menant une vie chrétienne pleine de ses grâces maintenant et plus tard dans le ciel.

« De sorte que ce n 'est plus moi qui vis, mais le Christ qui vit en moi. La vie humaine qui est la mienne maintenant, je la vis dans la foi au Fils de Dieu qu'il m'a aimé et a donné sa vie pour moi.» (Galates 2:20)

« De nous libérer du pouvoir de nos ennemis et de nous permettre de le servir sans peur. Pour que nous soyons saints et justes devant lui tous les jours de notre vie.» (Luc 1: 74 - 75)

« Il (le Christ) est mort pour tous afin que ceux qui vivent ne vivent plus pour eux-mêmes, mais pour celui qui est mort et revenu à la vie pour eux. » (2 Corinthiens 5: 15)

« Car c'est Dieu qui nous a formés; il nous a créés, dans notre union avec Jésus-Christ, pour que nous menions une vie riche en oeuvres bonnes, ces oeuvres qu 'il a préparées d'avance afin que nous les pratiquions.» (Ephésiens 2:10)

de l'ESPRIT SAINT

Question 88 : Qui est l'Esprit Saint ?

L'EspritSaint est la troisième personne de la Sainte Trinité. Il est vrai Dieu qui procède du Père et du Fils.

«r Allez donc auprès des hommes de toutes les nations et faites d'eux mes disciples: baptisez-les au nom du Pire, du Fils et du Saint-Esprit.» (Matthieu 28:19)

Note: Autres noms donnés au Saint-Esprit: L'Esprit, Esprit de Dieu (1 Corinthiens 2 : 10-11)

- Le Consolateur (Jean 14 : 26)

Question 89 : Pourquoi croyez-vous que l'EspritSaint est vrai Dieu ?

Je crois que l'EspritSaint est vrai Dieu parce que l'Évangile Saint lui attribue:

A - Des noms divins.

«r Vous savez sûrement que vous êtes le temple de Dieu et que l'Esprit de Dieu habite en vous» (1 Corinthiens 3 :16)

« Alors Pierre lui dit : Ananias, pourquoi satan a-t-il pu s'emparer de ton coeur pour te foire mentir au Saint-Esprit ...Ce n 'est pas à des hommes que tu as menti, mais à Dieu. » (Actes 5: 3 -4)

B - Attributs divins.

< L'Esprit peut tout examiner, même les plans de Dieu les plus profondément cachés» (l Corinthiens 2:10)(le savoir total)

« Par l'Esprit éternel, il (le Christ) s'est offert lui-même à

Dieu comme sacrifice parfait. Son sang purifiera notre conscience des oeuvres inutiles, pour que nous puissions servir le Dieu vivant.» (Hébreux 9: 14) (l'éternité)

« Allez donc auprès des hommes de toutes les nations et faites d'eux mes disciples: baptisez-les au nom du Père, du Fils et du Saint-Esprit. » (Matthieu 28 : 19)(la sanctification)

C - Actes divins.

« Il nous a sauvés, non point parce que nous aurions accompli des oeuvres justes, mais parce qu'il a eu pitié de nous. Il nous a sauvés par le bain au travers duquel le Saint-Esprit nous accorde la nouvelle naissance et la vie nouvelle.» (Tite 3 : 5)(la sanctification)

D - Rang et Gloire divins.

«... Car l'Esprit glorieux, l'Esprit de Dieu, repose sur vous.» (1 Pierre 4: 14)

Question 90 : L'EspritSaint est-il apparu perceptiblement ?

Oui, il est apparu sous forme d'une colombe au moment du Baptême du Christ, et sous forme de langues de feu au-dessus de chacun des apôtres qui furent comblés de ses dons.

« Dès que Jésus fut baptisé, il sortit de l'eau. Au même moment les deux s'ouvrirent pour lui: il vit l'Esprit de Dieu descendre comme une colombe et venir sur lui. Et une voix venant des deux déclara : "Celui-ci est mon Fils bien-aimé; je mets en lui toute ma joie.» (Matthieu 3 :16 - 17)

« Quand le jour de la Pentecôte arriva, les croyants étaient réunis tous ensemble au même endroit. Tout à coup, un bruit vint du ciel, bruit semblable à celui d'un vent qui souffle avec violence.

et il remplit toute la maison où ils étaient assis. Ils virent alors apparaître des langues pareilles à des flammes de feu; elles se séparèrent et elles se posèrent une à une sur chacun d'eux, ils jurent tous remplis du Saint-Esprit et se mirent à parler en d'autres langues, selon ce que l'Esprit leur faisait exprimer»(Actes 2: 1 - 4)

Question 91 : Combien et quels sont les dons de l'EspritSaint ?

Les dons de l'EspritSaint sont sept (7): la sagesse, le savoir, le conseil, le pouvoir, la connaissance, la piété et la crainte de Dieu.

Question 92 : Quel effet ces dons ont-ils ?

Ces dons guident le chrétien dans son cheminement vers la perfection; ils l'affermissent dans la foi et la grâce et l'embellissent par les vertus.

Question 93 : Qu'est-ce que le bien-foire selon Dieu ?

La bien-foire est toute oeuvre bonne qu'un croyant peut foire : par parole, action ou pensée, dans la foi et selon les dix commandements, pour la gloire de Dieu et le bienfait du prochain.

« Personne ne peut plaire à Dieu sans la foi. » (Hébreux 11 :6)

< La foi sans les oeuvres est inutile.» (Jacques 2:20)

« Je suis la plante de vigne, vous êtes les branches. Celui qui demeure uni à moi, et à qui je suis uni, porte beaucoup de fruit, car vous ne pouvez rien foire sans moi.» (Jean 15:5)

« Le culte que ces gens me rendent est inutile, car ils enseignent des

commandements faits par les hommes.» (Matthieu 15:9)

« "Si vous m'aimez, vous obéirez à mes commandements".» (Jean 14:15)

« Donc, que vous mangiez, que vous buviez, ou que vous fassiez quoi que ce soit, faites tout pour la gloire de Dieu.» (1 Corinthiens 10:31)

« Laissez-vous guider par l'amour pour vous mettre au service les uns des autres. » (Galates 5: 13)

de L'ÉGLISE CHRÉTIENNE

Question 94 : Qu'est-ce que l'Église Chrétienne ?

L'Église Chrétienne est la société de croyants en Christ-Dieu incarné, au Père et au Saint-Esprit (la Trinité Sainte qui est un seul Dieu)

Note *: L'église invisible est l'ensemble des croyants défunts qui ont terminé leur combat sur terre en gardant la foi; ils ont rendu bon témoignage de Jésus-Christ qui leur a réservé la couronne, le jour du dernier jugement.» (2 Timothée 4:8) «... De même bien que nous soyons nombreux nous formons un seul corps dans l'union avec le Christ. » (Romains 12:5)*

Question 95 : Pourquoi l'Église s'appelle l'Église (Chrétienne) ?

L'Église s'appelle l'Église (Chrétienne) parce qu'elle est bâtie par le Christ, sa base unique.

«Car les fondations sont déjà en place dans la personne de Jésus-Christ.et aucun homme ne peut en poser d'autres.» (1 Corinthiens 3:11)

Question 96 : Quels sont les attributs de l'église chrétienne et combien sont-ils ?

Les attributs de l'église chrétienne sont quatre (4) : une, universelle, sainte et apostolique.

Question 97 : Pourquoi croyons-nous à Une église ?

Nous disons : Une église parce qu'elle a une seule Foi, une seule Doctrine, un seul Enseignement et un seul Baptême.

« De même, bien que nous soyons nombreux, nous formons un seul corps dans l'union avec le Christ et nous sommes tous unis les uns aux autres comme les parties d'un même corps.» (Romains 12:5)

« Il y a un seul corps et un seul Saint-Esprit, de même il y a une seule espérance à laquelle Dieu vous a appelés. Il y a un seul Seigneur, une seule foi, un seul baptême; il y a un seul Dieu et Père de tous, qui régne sur tous, agit par tous et demeure en tous.»(Ephésiens 4: 4-6)

Question 98 : Pourquoi l'église s'appelle (Sainte) ?

On appelle l'église (Sainte) parce que le Christ(son chef) l'a sanctifiée par son sang et sa résurrection et lui a établi ses sacrements saints. En dépit de quelques pécheurs adhérents, la sainteté de l'église ne peut être niée à cause de leurs comportements.

«r ...Le Christ a aimé l'Église et donné sa vie pour elle. Il a agit ainsi pour rendre l'Église digne d'être à Dieu, après l'avoir purifiée par l'eau et par la parole; car il voulait se présenter à lui-même l'Église dans toute sa beauté, pure et sans défaut, sans tache ni ride ni aucune autre imperfection»(Ephésiens 5: 25 -27)

« Approchez-vous pour que vous aussi, comme des pierres vivantes, vous soyez utilisés dans la construction du peuple spirituel. Vous y formerez un groupe de prêtres saints chargés d'offrir à Dieu des sacrifices spirituels, qui lui soient agréables par Jésus-Christ.» (1 Pierre 2:5)

Question 99 : Où se trouve l'église chrétienne sainte?

L'église chrétienne sainte se trouve là où l'on prêche l'Évangile et où les fidèles y croient fermement à chaque mot qui est écrit en s'attachant à ses coutumes apostoliques.

Question 100 : Dans quels autres sens utilisons-nous le mot (Église)

A - L'Église visible de Dieu.

B - Rite religieux.

C - L'église locale ou groupe de fidèles.

D - L'endroit du culte.

Question 101 : Qu'est-ce que l'Église visible ?

L'Église visible est l'ensemble de ceux qui prêchent la parole de Dieu et déclarent la foi chrétienne. Mais à côté des vrais chrétiens il y a aussi les faux chrétiens (les hypocrites).

Notes : *Le filet lancé à la mer ramassa plusieurs genres de poissons (Matthieu 13 : 47 - 48)*

Parmi les invités il y avait un homme qui ne portait pas l'habit de cérémonie. (Matthieu 22:11-12).

À lire : le récit d'Ananias et sa femme Saphira (Actes 5 : 1 - 11).

Question 102 : Que veut-dire (rite religieux) ?

Un (rite religieux) veut dire une institution ou ordre ecclésiastique qui opère sous un nom spécifique et des croyances déterminées; comme le rite des Syriens orthodoxes, par exemple.

Question 103 : Qui est le chef des évêques de notre rite syriaque orthodoxe ?

Sa Sainteté, notre Patriarche d'Antioche, le Chef Suprême de l'Église Syriaque Orthodoxe dans le monde entier.

Question 104 : Qu'est-ce que l'Église locale ou le groupe de fidèles ?

L'Église locale ou le groupe de fidèles sont ceux qui proclament leur foi chrétienne en faisant leurs prières d'unc manière assidue dans un endroit déterminé(un pays déterminé)

Question 105 : Les apôtres n'ont-ils pas établi, dans l'Église, un autre ordre ?

Oui, ils ont établi l'ordre des prêtres et celui des diacres.

Question 106 : Les Croyants s'engagent-ils d'obéir à l'Église Sainte ?

Oui, ils s'obligent d'obéir à l'Église, car personne n'a de salut en dehors d'elle.

«r Et s'il refuse aussi d'écouter l'Église, qu'il soit pour toi comme un païen et un publicain (collecteur d'impôts).» (Matthieu 18:17)

Question 107 : Quand appliquons-nous correctement l'enseignement de l'Église ?

Nous appliquons correctement l'enseignement de l'Église :

A - Lorsque nous nous intéressons spécialement à être membres de l'Église et y rester attachés à clle par la foi sincère en Jésus-Christ, le Sauveur.

« Mettez-vous à l'épreuve et examinez-vous vous-mêmes.» (2 Corinthiens 13 : 5)

** "Si vous obéissez fidèlement à mon enseignement, vous serez vraiment mes disciples; vous connaîtrez la vérité et la vérité vous rendra libres.» (Jean 8 :31 -32)*

B - Lorsque nous nous attachons à l'Église et son enseignement de la parole de Dieu dans toute sa pureté.

- Voir le passage précédent: « Mettez-vous à l'épreuve...

« Ils s'appliquaient fidèlement à écouter l'enseignement que donnaient les apôtres.» (Actes 2: 42)

C - Lorsque nous ferons tout notre possible afin de sauvegarder l'Église, vulgariser son enseignement, et aider à son développement et sa propagation moyennant la prière, le service personnel et le secours matériel.

Anciennement, les croyants venaient déposer leur argent aux pieds des apôtres.

« Ceux qui avaient été dispersés parcouraient le pays en annonçant la Bonne Nouvelle.» (Actes 8:4)

« Allez donc auprès des hommes de toutes les nations et faites d'eux mes disciples: baptisez-les au nom du Père, du Fils et du Saint-Esprit.»(Matthieu 28: 19)

« De même, le Seigneur a ordonné que ceux qui annoncent l'Évangile vivent de cette activité.» (1 Corinthiens 9:14)

« ... Ils apportaient le prix de ce qu'ils avaient vendu, et le déposaient aux pieds des apôtres. » (Actes 4:34 - 35)

D - Lorsque nous évitons les églises perdues et tous les établissements qui croient à des doctrines mensongères et trompeuses.

« "Gardez-vous des faux prophètes. Ils viennent à vous en se donnant l'apparence de moutons, mais au dedans ce sont des loups féroces".» (Matthieu 7:15)

« Mes amis ne croyez tous ceux qui prétendent avoir l'Esprit, mais mettez-les à l'épreuve pour vérifier si l'esprit qu'ils ont vient de Dieu. En effet, de nombreux faux prophètes se sont répandus dans le monde.» (1 Jean 4:1)

<r Je vous le demande, frères, prenez garde à ceux qui suscitent des divisions et égarent les croyants en s'opposant à l'enseignement que vous avez reçu. Eloignez-vous d'eux.» (Romains 16:17)

« N'allez pas vous associer avec des incroyants: ce ne sont pas des partenaires qui vous conviennent. Comment, en effet, ce qui est juste pourrait-il avoir à foire avec ce qui est mauvais? Comment la lumière pourrait-elle être unie à l'obscurité? Comment le Christ pourrait-il s'entendre avec le diable? Ou bien, qu'est-ce qu'un croyant peut avoir en commun avec un incroyant? Comment le temple de Dieu pourrait-il s'accorder avec des idoles païennes? Car nous sommes le temple du Dieu vivant, comme Dieu lui-même l'a dit: "J'habiterai et je vivrai au milieu d'eux. Je serai leur Dieu et ils seront mon peuple". C'est pourquoi, le Seigneur déclare: "Vous devez les quitter et vous séparer d'eux. N'ayez aucun contact avec ce qui est impur, et moi je vous accueillerai. Je serai votre père et vous serez mes fils et mes filles, dit le Seigneur tout-puissant.» (2 Corinthiens 6:14-18)

du SYMBOLE des APÔTRES (Credo)

Question 108 : Récitez le "Credo".

Je crois en un seul Dieu, le Père tout-puissant, créateur du ciel et de la terre, et toutes les choses visibles et invisibles, et en Jésus-Christ, son Fils unique, notre Seigneur, qui a été conçu du Père avant tous les temps. Lumière de lumière, vrai Dieu de vrai Dieu, conçu et non créé, égal au Père en substantiel, par lui tout a été fait; celui qui pour les hommes et notre salut est descendu du ciel, conçu du Saint-Esprit, est né de la Vierge Marie, mère de Dieu, s'est fait homme; a souffert sous Ponce Pilate, a été crucifié, est mort et enseveli; le troisième jour est ressuscité des morts comme il voulut; est monté au ciel, est assis à la droite du Père; d'où il viendra juger les vivants et les morts, et son règne n'a pas de fin; nous croyons à l'EspritSaint, le Seigneur, donneur de la vie à tous, est issu du Père, celui qui avec le Père et le Fils, est adoré et glorifié; il a parlé par les prophètes et les apôtres; nous croyons à Une Église Sainte, Universelle et Apostolique; nous nous confessons à un seul Baptême pour la rémission des péchés; nous espérons la résurrection des morts; et une vie nouvelle dans le monde à venir, amen.

Eglise d'Antioche : Saint Pierre fondateur
Jésus avec l' Évangile de Saint Marc
Saint Jacques Baradai

des CONSÉQUENCES de L'HOMME

Question 109 : Quelles sont les conséquences de l'homme et combien sont-elles ?

Les conséquences de l'homme sont quatre: La mort, la résurrection, le jugement dernier et la récompense ou la punition.

Question 110 : Qu'est-ce que la mort ?

La mort est la séparation entre le corps et l'âme.

Question 111 : Qu'est-ce que la résurrection ?

La résurrection est la réunion, par la puissance du Créateur, entre les âmes et les corps qui seront transformés en des corps spirituels et immortels, libérés de toutes imperfections telles que: la nourriture, la boisson, le mariage et le vêtement.

Question 112 : Qu'est-ce que le jugement dernier ?

Le jugement dernier c'est le temps pendant lequel le Christ reviendra une deuxième fois pour juger les hommes sur tout ce qu'ils ont fait du bien ou du mal et les récompensera en conséquence pour l'éternité.

Question 113 : Quand le jugement dernier aura-t-il lieu ?

Le jugement dernier aura lieu après la fin du monde.

Question 114 : Qu'est-ce que la récompense éternelle ?

La récompense éternelle est lorsque le Christ récompensera les justes par l'héritage du bonheur éternel, et condamnera les méchants par la peine éternelle de l'enfer.

Question 115 : Qu'est-ce que le bonheur éternel ?

Le bonheur éternel est la vie heureuse et éternelle dont jouissent les justes avec Dieu dans la gloire, au ciel, pour toujours.

Question 116 : Qu'est-ce que l'enfer ?

L'enfer est un lieu de supplice alimenté par du feu immatériel où souffriront éternellement les pécheurs avec les diables.

Question 117 : Y-a-t-il une différentiation entre la récompense des justes et la punition des méchants ?

Oui, car chacun aura ce qu'il mérite: la récompense du bien ou la punition du mal.

Question 118 : Où vont les âmes des morts avant la résurrection ?

Les âmes des justes vont au Paradis, là elles présentent la gloire qu'elles auront au ciel; tandis que les âmes des pécheurs vont aux ténèbres, là elles présentent le supplice de l'enfer qui les attendra.

Question 119 : La prière pour les morts leur est-elle utile ?

Oui, les prières, les offrandes et les aumônes qu'offrent les vivants pour les morts repentis qui reposent en espérant le salut par le Christ, leur sont utiles; tandis que ceux qui s'obstinent dans leurs péchés bénéficieront de rien.

« N'empêche pas ta faveur envers la personne décidée.» (Josué fils de Sirakh 7:37)

«r Que le Seigneur lui accorde de bénéficier de la bonté du Seigneur.» (2 Timothée 1:18)

« Si quelqu'un voit son frire commettre un péché qui ne mine pas à la mort, il faut qu'il prie et Dieu donnera la vie à ce frère. Ceci est valable pour ceux dont les péchés ne minent pas à la mort.» (1 Jean 5:16)

« C'était là une pensée sainte et pieuse, voilà pourquoi il fit foire pour les morts ce sacrifice expiatoire afin qu'ils fussent absous de leur péché.» (2 Maccabées 12 : 46)

LES MOYENS QU'IL FAUT UTILISER de la PRIÈRE

Question 120 : Qu'est-ce que la prière ?

En s'adressant à Dieu, la prière est l'élévation de l'esprit et du coeur du croyant, pour l'adorer , le remercier, lui demander grâce et implorer son pardon.

Question 121 : La prière est-elle nécessaire ?

Oui, elle est la première parmi les obligations, et elle nous est toujours due.

Question 122 : Qu'est-ce qui nous incite à la prière?

Les commandements de Dieu et sa promesse, nos besoins personnels et ceux de notre prochain, le remerciement de Dieu pour les grâces accordées: voilà des éléments qui nous incitent à la prière.

« Demandez et vous recevrez.; cherchez et vous trouverez.; frappez et l'on vous ouvrira la porte. Car tout homme qui demande reçoit, celui qui cherche trouve et l'on ouvre la porte à celui qui frappe.» (Matthieu 7:7-8)

Le lépreux pria pour son besoin de guérir (Luc 5 : 12-13). - L'officier romain pria pour son serviteur (Matthieu 8 : 5-13).

La guérison par le Christ du samaritain lépreux le poussa à lui présenter son remerciement (Luc 17 : 15 - 16).

Question 123 : À qui devons-nous prier ?

Nous devons prier au vrai Dieu, le Père, le Fils et le Saint-Esprit, car à lui seul convient tout honneur, lui, qui est puissant et prêt à exaucer nos prières.

« Adore le Seigneur ton Dieu et ne sers que lui seul.» (Matthieu 4: 10)

Question 124 : Quelles sont les règles de la prière, et comment devons-nous prier ?

Les conditions de la prière nous exigent d'avoir: une foi ferme, une espérance stable issue de notre amour envers Dieu et notre prochain, un coeur humble, une bonne intention assortie d'un esprit plein de vigilance à la prononciation pour bien en saisir la signification.

A - Avec une foi ferme au nom de Jésus-Christ.

Jésus dit: « Je vous le déclare, c'est la vérité: le Père vous donnera tout ce que vous demanderez en mon nom.»(Jean 16:23)

B - Avec une confiance totale.

« Si vous croyez vous recevrez tout ce que vous demanderez dans la prière.» (Matthieu 21:22)

Question 125 : Dieu, exauce-t-il vraiment chaque prière sincère ?

Oui, Dieu exauce toute prière sincère; il l'exauce selon sa volonté et au moment qu'il le juge bon.

« Trois fois j'ai prié le Seigneur au sujet de cette maladie et lui ai demandé de m'en délivrer. Il m'a répondu: "Ma grâce est tout ce dont tu as besoin, car ma puissance manifeste pleinement ses effets quand tu es faible.» (2 Corinthiens 12: 8 - 9)

Question 126 : Quelles sont les prières que Dieu n'a pas promis d'exaucer ?

Dieu n'a pas promis d'exaucer :

A - Les prières qui ne sont pas faites avec foi et confiance.

«r Mais il faut qu'il demande avec foi, sans douter ; car celui qui doute est semblable à une vague de la mer, que le vent soulève et pousse de tous côtés. » (Jacques 1:6-7)

B - Les prières dans lesquelles nous demandons des choses qui contreviennent à la volonté du Seigneur.

- À voir: la demande de la mère des fils de Zébédée (Matthieu 20 : 20 - 23)

«Préoccupez-vous d'abord du Royaume de Dieu et de la vie juste, et Dieu vous accordera tous le reste.» (Matthieu 6:33)

C - Les prières pour lesquelles nous fixons le temps et la manière pour que Dieu les exauce.

Question 127 : Pourquoi les chrétiens ont-ils parfois l'impression que leurs prières ne sont pas excusées ?

Les chrétiens ont parfois l'impression que leurs prières sincères ne sont pas exaucées parce qu'ils ne remarquent pas immédiatement la main secourable de Dieu tendue vers eux.

Question 128 : Pour qui devons-nous prier ?

Nous devons prier pour nous-mêmes, pour tous les hommes et même pour nos ennemis.

« En tout premier lieu, je recommande que l'on adresse à Dieu des demandes et des prières, des supplications et des remerciements pour tous les hommes. » (1 Timothée 2:1)

** Aimez vos ennemis et priez pour ceux qui vous*

persécutent. » (Matthieu 5:44)

« Préoccupez-vous d'abord du Royaume de Dieu et de la vie juste qu 'il demande, et Dieu vous accordera aussi tout le reste.» (Matthieu 6:33)

** Que ta volonté soit faite sur la terre comme elle l'est dans le ciel.» (Matthieu 6 :10)*

«r "Ce ne sont pas tous ceux qui me disent: "Seigneur, Seigneur, qui entreront dans le Royaume des deux.» (Matthieu 7: 21)

- Le collecteur d'impôts pria pour lui-même (Luc 18: 13), - Abraham pria pour Sodome (Genèse 18 : 23-32) - La femme cananéenne pria pour sa fille (Matthieu 15 : 22-28) ,- Jésus pria pour ses ennemis (Luc 23 : 34) ,- Étienne pria pour ceux qui lui jetaient des pierres (Actes 7 : 60).

Question 129 : Où devons-nous prier ?

Nous devons prier partout lorsque nous sommes seuls; aussi avec les membres de la famille, et pendant que nous sommes à l'église.

« Je veux donc qu'en tout lieu les hommes prient, qu'ils lèvent les mains pour prier avec pureté de coeur, sans colère ni esprit de dispute. » (1 Timothée 2:8)

«r Car là où deux ou trois s'assemblent en mon nom, je suis au milieu d'eux.» (Matthieu 18: 20)

« Mais toi, lorsque tu veux prier, entre dans ta chambre, firme la porte et prie ton Père qui est là, dans cet endroit secret; et ton Père, qui voit ce que tu fois en secret, te récompensera.» (Matthieu 6:6)

Question 130 : Quand devons-nous prier ?

Nous devons toujours prier, quotidiennement matin et soir), les dimanches et jours fériés, et surtout pendant les afflictions et les tentations.

«Priez sans cesse»(l Thessaloniciens 5:17)

Question 131 : Laquelle est meilleure: la prière individuelle ou celle en communauté ?

La prière faite en communauté (à condition qu'elle soit sincère) reste meilleure que celle qui est faite individuellement.

de L'ORAISON DOMINICALE (le Pater)

Question 132 : Qu'est-ce que (le Pater) ?

La prière (le Pater) : est une prière que le Seigneur Jésus-Christ nous a apprise (en langue syriaque); il s'est exprimé dans cette langue qui se trouve être sanctifiée par lui. Nous récitons (le Pater) dans les mêmes expressions linguistiques que le Seigneur Jésus. Pour laisser aux croyants le plaisir d'en méditer la signification, nous avons jugé utile d'expliquer le sens de ses mots en s'appuyant sur les interprétations des chefs de notre église*.

Et sa traduction en Français est: Notre Père qui êtes aux deux, que votre nom soit sanctifié. Que votre règne arrive, que votre volonté soit faite sur la terre comme au ciel. Donnez-nous aujourd'hui notre pain quotidien, et pardonnez-nous nos offenses, comme nous pardonnons aussi à ceux qui nous ont offensés, et ne nous laissez pas succomber à la tentation, mais délivrez-nous du mal.Car à vous appartiennent le règne, le pouvoir et la gloire pour le siècle des siècles, amen.

+ Le Seigneur Jésus-Christ nous a appris d'appeler le Père qui est au ciel (notre Père) de nous tous, et par son amour il nous a appelés à devenir ses frères:

(Jean 15 : 15) et (Matthieu 25:40)

Comme il a dit à Marie Madeleine (Jean 20:17) , (Matthieu 28 : 10)

(Matthieu 23 : 8-9), (Galates 4 : 7)

(Romains 8: 15 et 17), (1 Jean 3:1)

* À voir, "l'explication (du Pater), selon Sa Sainteté le Patriarche Zakka.

Question 133 : Comment pourrions-nous subdiviser cette prière (le Pater) ?

La prière (le Pater) se subdivise en : une Introduction, sept sollicitations et une conclusion.

L'introduction :

(Notre Père qui êtes aux deux) (Matthieu 6:9)

Nous avançons vers Dieu que nous appelons (Notre Père): en jouissant de l'esprit de filiation, nous présentons ainsi le genre de notre relation envers Dieu et notre prochain; car le Seigneur Jésus nous a donné la grâce d'être ses frères et fils de son Père céleste. C'est pourquoi il nous a permis d'appeler son Père (Notre Père). L'évangéliste Jean dit: «Ceux qui ont cru en elle (la Parole) ; elle leur a donné alors la possibilité de devenir enfants de Dieu. Ils ne sont pas devenus enfants de Dieu selon la nature humaine, comme on devient enfant d'un père terrestre; c'est Dieu qui a été leur Père.» (Jean 1:12, 13) . C'est donc en vertu de ce pouvoir qui nous parvient de Dieu, nous pouvons

l'appeler (Notre Père). Nous sommes nés de Dieu le jour de notre baptême où l'esprit de la Sainte Trinité est descendu sur nous comme sur le Seigneur Jésus, le jour de son baptême de St-Jean baptiste dans le fleuve du Jourdain. À la manière du Christ-Seigneur après être sorti de l'eau, nous avons reçu la voix venant du ciel que nous sommes devenus les fils de Dieu qui dit: « Celui-ci est mon Fils bien-aimé.» (Matthieu 3:17)

Question 134 : Dans cette prière pourquoi le Seigneur Jésus-Christ nous apprend d'appeler Dieu (le Père) ?

Le Seigneur Jésus-Christ nous recommanda en disant: « Mais vous, ne vous faites pas appeler 'Maître", car vous êtes tous frères et vous n 'avez qu un seul Maître. N'appelez personne sur la terre "Père", car vous n'avez qu 'un seul Père, celui qui est au ciel.» (Matthieu 23: 8-9). Ce même attribut nous entoure d'une force extrême telle que les diables auront peur de nous s'ils nous entendent prononcer le nom de (Notre Père), car ils nous fuient parce qu'ils savent que nous sommes sous la protection de Dieu (Notre Père); et le Seigneur Jésus nous a promis en disant : * Mais pas un cheveu de votre tête ne sera perdu. »(Luc 21 : 18)

«Car l'Esprit que vous avez reçu n'est pas un esprit qui vous rende esclaves et vous remplisse à nouveau de peur; mais c'est l'Esprit qui fait de vous des fils de Dieu et qui nous permet de crier à Dieu: "Mon Père!".» (Romains 8: 15)

Question 135 : Pourquoi disons-nous à Dieu(Notre Père)?

Nous disons à Dieu (Notre Père) parce qu'il est le Père de toute l'humanité. Et nous, en qualité de fils d'un seul père, toute ségrégation nous est interdite que ce soit à cause de la

race, de la tribu, de la nationalité, ou de la classe sociale; et il faut que nous soyons unis dans l'Amour car Dieu est Amour. Personne ne faut-il l'appeler mon père, mais (Notre Père) parce que nous constituons tous une famille dont il est le Père de tous; et l'esprit paternaliste qui nourrit la relation existante entre les fils, fait élever à son tour l'esprit de fraternité.

« Il y a un seul Dieu et Père de tous, qui règne sur tous, agit par tous et demeure en tous.» (Ephésiens 4:6)

« Vous êtes tous un dans l'union avec Jésus-Christ.» (Galates 3:26)

Question 136 : Pourquoi disons-nous (qui êtes aux Cieux) ?

Afin de distinguer Dieu le Père de tous les autres pères, nous disons (Notre Père qui êtes aux cieux), tandis que nos pères sont des humains sur la terre. Dieu est un Esprit illimité et partout Omniprésent comme il dit: «Ne remplis-je pas les cieux et la terre ? dit le Seigneur.» (Jérémie 23 : 24). Mais, la place du Seigneur Dieu est au ciel, comme disent les Écritures: « Celui qui siège dans les cieux » (Psaume 2 : 4). Et nous disons qu'il est Notre Père, qui est au ciel, justement pour que nous dirigions nos pensées et nos coeurs vers le ciel nous éloignant ainsi des choses terrestres, pour porter notre désir d'habiter, là-haut, auprès de lui, selon la conseil de l'apôtre St-Paul : *« Recherchez les choses qui sont au ciel, là où le Christ est assis à la droite de Dieu. » (Colossiens 3:1)*

Question 137 : Que demandons-nous dans les sept sollicitations ?

Nous demandons: dans les trois premières sollicitations, de grâces spirituelles; dans la quatrième : de choses matérielles; et dans les trois dernières, la délivrance du mal.

La 1ère sollicitation: (que votre nom soit sanctifié), que veut dire cela ?

Le nom de Dieu est sanctifié au ciel par les rangs des anges, qui le glorifient constamment. En disant (que votre nom soit sanctifié), nous prions le Seigneur pour qu'il propage son nom saint dans le monde entier afin que toutes les nations lui rendent gloire, quitte à endurer les peines, comme dit le Seigneur : « Tout le monde vous haïra à cause de moi.» (Matthieu 10:22). La sanctification de son nom saint sera possible si nous l'adorons en l'esprit et en vérité; et la glorification de son nom se réalisera, si nous honorons ses commandements divins, par l'usage juste de nos langues, pensées et coeurs afin que nous soyons bénis et son nom soit sanctifié par nos bonnes oeuvres; car il a dit:#... afin qu'ils voient le bien que vous faites et qu'ils louent votre Père qui est dans les deux.» (Matthieu 5 : 16)

La 2 ème sollicitation: (que votre règne arrive), que veut dire cela ?

Le royaume de Dieu est de deux étapes: Le croyant traverse la première étape lorsqu'il est sur la terre, et se prépare pour commencer la deuxième étape éternelle au ciel.

Le Seigneur a instauré son royaume sur la terre, c'est-à-dire son Église Sainte qui, par ses grâces divines, renferme le salut de l'homme. Dieu a formé d'elle, une communauté sainte qui accomplit la volonté de Dieu le Père; il expliqua ses projets divins à ses disciples par des paraboles. Pendant la prière, lorsque nous disons : (que votre règne arrive)

, nous prions pour que Dieu règne sur nos coeurs et esprits en souhaitant d'être à l'état de sainteté, bien loin du péché qui nous éloigne du Seigneur. Or nous sommes les temples de Dieu

(2 Corinthiens 6 : 16) et les temples de l'EspritSaint (1 Corinthiens 6 : 19) selon St-Paul l'apôtre. À l'état du péché, l'Esprit s'éloigne de nous, c'est pourquoi nous prions pour que le Christ veille sur nos esprits et nos coeurs afin que nous soyons des agneaux, membres de son troupeau.

Quand nous prions le Seigneur en disant : (que votre règne arrive), nous désignons la deuxième étape de ce royaume qui commence lorsque le Seigneur Jésus reviendra une seconde fois pour le jour du jugement. Nous, dans notre prière, aspirons à ce que ce grand jour arrive, lorsque le Seigneur Jésus viendra dans la gloire de son Père accompagné d'anges saints, où les justes seront avec lui dans son royaume céleste et éternel. C'est ce que le Seigneur voulait dire à Pilate : « Mon royaume n 'appartient pas à ce monde. » (Jean 18:36)

La 3 ème sollicitation: (que votre volonté soit faite sur la terre comme au ciel), que veut dire cela ?

Dieu sait tous nos secrets, il «r scrute le coeur et sonde les reins » (Jérémie 17: 10). Il connaît nos intérêts mieux que nous et il sait ce qui nous rend heureux, voilà pourquoi nous lui demandons que sa volonté et non la nôtre soit faite dans nos affaires.

La volonté de Dieu est effective au ciel et nous voulons l'accomplir, comme les anges. Et si la volonté de Dieu règne sur la terre, la paix régnera aussi et le péché disparaîtra. Il nous est impossible d'accomplir la volonté de Dieu sans la connaître; et la seule façon de la connaître est d'étudier continuellement la Bible Sainte, comme St-Paul l'apôtre dit: «r Ne soyez pas insensés, mais efforcez-vous de comprendre comment le Seigneur veut que vous agissiez» (Ephésiens 5:17)

Nous sommes souvent assaillis par les désirs de la chair, et en voulant foire le bien, nous faisons le mal que nous haïssons et ne désirons pas. Quand nous prions Dieu: (que votre volonté soit faite) nous voulons que la volonté de Dieu soit accomplie et non la volonté de la chair, et nous hissions le bien par sa puissance, cette puissance qui se manifeste par notre faiblesse. En déposant nos âmes dans les mains de Dieu et demandant que sa volonté soit faite et accomplie nous renforcerons les liens de parenté entre nous et lui selon la promesse du Christ qui dit: «r Celui qui fait ce que veut mon Père qui est dans les deux est mon frire, ma soeur ou ma mire.» (Matthieu 12:50)

La 4 ème sollicitation: (donnez-nous aujourd'hui notre pain quotidien), que veut dire cela ?

St-Jean chrysostome dit : « Nous demandons d’avoir non seulement le pain mais également que Dieu en fasse une force qui nous sert de paix et du salut, pour que le corps bénéficie du pain et le corps sera au service de l'âme.». Le pain englobe tout ce que l'homme en a besoin pour vivre sur la terre : même la bonne santé pour pouvoir nourrir son corps, car la nourriture peut être abondante sans avoir une bonne santé pour en bénéficier.

Dieu prend soin de nos corps comme de nos âmes et il connaît d'avance tout ce dont nous avons besoin avant même de le lui demander. N'a-t-il pas multiplié le pain dans le désert où il fit manger des milliers d'hommes et ce à deux reprises ? il leur recommanda en même temps ceci : « Ne travaillez pas pour la nourriture qui se gâte, mais pour la nourriture qui dure et produit la vie éternelle. Cette nourriture, le Fils de l'homme vous la donnera, parce que Dieu, le Pire, a mis sur lui la marque de son autorité. » (Jean 6: 27) Il dit aussi : « Ne vous inquiétez pas au sujet de la nourriture et de la boisson dont vous avez besoin pour vivre, ou au sujet des vêtements dont vous avez besoin pour votre corps. La vie est plus importante que la nourriture et le corps plus important que les vêtements, n'est-ce pas ? Regardez les oiseaux qui volent dans les airs: ils ne sèment ni ne moissonnent, ils n'amassent pas de récoltes dans des greniers, mais votre Père qui est au ciel les nourrit ! Ne valez-vous pas beaucoup plus que les oiseaux ? » (Matthieu 6: 25 -26)

Notre pain est ce dont nous avons gagné en travaillant, c'est ce que nous méritons, car nous ne l'avons détourné de personne ou bien nous ne l'avons pas frauduleusement obtenu. Ce pain qui nous suffit, illustre bien la vertu de la sobriété. « En effet, nous n'avons rien apporté dans ce monde, et nous n'en pouvons rien emporter. Par conséquent, si nous avons la nourriture et les habits, cela doit nous suffire.» (1 Timothée 6:7, 8)

Le pain spirituel : Certains pères voient que le mot (pain) dans la prière (le Pater) ne désigne pas seulement tout ce dont nous avons besoin de nourriture pour garder le corps vivant et en croissance, mais aussi toutes les grâces que Dieu nous donne pour continuer la vie spirituelle en vue de développer les bonnes choses pour le salut de l'âme. Quand nous demandons (notre pain) nous sous-entendons notre pain spirituel (notre Seigneur Jésus Christ) par qui nous nous nourrissons spirituellement et nous attendons, chaque jour avec impatience, ce repas spirituel. Le Seigneur a dit en parlant de lui-même : « Je suis le pain vivant descendu du ciel.»(Jean 6: 48).

La 5ème sollicitation : (et pardonnez-nous nos offenses comme nous pardonnons aussi à ceux qui nous ont offensés), que veut dire cela ?

Nous péchons lorsque nous n'honorons pas nos engagements envers Dieu, c'est-à-dire nous ne remplissons pas nos obligations envers lui. Le péché est donc, non seulement de foire du mal, mais aussi ne pas foire du bien; le péché ne consiste pas seulement d'éviter le vice mais aussi de ne pas foire la vertu. Et si la loi de l'ancien testament était une loi prohibitive, celle du nouveau testament est incitative.

Dieu veut, dans cette sollicitation, que nous examinions nos coeurs et avouons que nous sommes pécheurs. Même si nous avons été purifiés par le sang de notre Seigneur Jésus-Christ, nous sommes toujours menacés de retomber dans le péché tant que nous habitons le corps. Dieu ne veut pas la mort du pécheur mais qu'il se repentisse pour revivre. C'est pourquoi il laissa à l'homme le temps pour se repentir en promettant d'accepter chaque repenti. Il va sans dire que chaque repentance est précédée d'une contrition parfaite et un vif remords accompagnés d'une résolution ferme de la part du pécheur de ne plus y retourner et prend un engagement pour changer son comportement, prouvant ainsi la véracité de sa repentance, comme signe que Dieu l'a acceptée en lui accordant l'absolution. Dans la prière (le Pater) nous implorons le pardon de notre Dieu céleste en affirmant que nous avons exécuté ses ordres en pardonnant à tous ceux qui nous ont offensés par n'importe quel moyen. Cette demande est conditionnelle , car Dieu affirme la nécessité de remplir la condition qui lui est propre. Dieu nous a dit: «Quand vous êtes debout pour prier; si vous avez quelque chose contre quelqu'un, pardonnez-lui, afin que votre Père qui est dans les deux vous pardonne aussi vos péchés. »(Marc 11:25)■ Et lui-même nous servait d'exemple lorsqu'il était sur la croix, il demanda à son Père en disant: «Père, pardonne-leur\ car ils ne savent pas ce qu'ils font. »(Luc 23 : 34). St-Étienne, le premier martyr, suivi son exemple et demanda le pardon pour ceux qui lui lancèrent les pierres: «"Seigneur; ne les tiens pas pour coupables de ce péché!".» (Actes 7 :6).

En demandant à Dieu de nous pardonner nos foutes et de pardonner à ceux qui nous ont offensés, nous déracinons la fureur et la haine de nos âmes. Un seul péché, si minime soit-il, peut non seulement souiller notre vie spirituelle mais aussi nous placer dans les rangs des pécheurs « Car si quelqu'un désobéit à un seul des commandements de la loi, il se rend coupable à l'égard de tous.»(Jacques 2 : 10). St-Paul nous dit aussi : « Si vous vous mettez en colère, prenez garde de ne pas tomber dans le péché; ne soyez pas en colère durant toute la journée. Ne donnez pas prise au diable.» (Ephésiens 4: 26, 27).

La 6ème sollicitation : (et ne nous laissez-pas succomber à la tentation) que veut dire cela ?

Nous demandons, ici, qu'il nous éloigne des causes du péché. La tentation est l'épreuve, et l'échec à cette épreuve est de tomber dans le péché. Le tentateur est le diable, notre ennemi, comme St-Pierre dit : «Ayez l'esprit éveillé, prenez garde! Car votre adversaire, le diable, rôde comme un lion rugissant, cherchant quelqu'un à dévorer.» (1 Pierre 5:8). Et St-Paul dit : «Car nous n'avons pas à lutter contre des êtres humains, mais

contre Us puissances spirituelUs mauvaises du monde céleste, Us autorités. Us pouvoirs et Us maîtres de ce monde obscur.» (Ephésiens 6: 12). Ces puissances mauvaises - puissances du diable - qui nous combattent sont les ennemis de Dieu et de l'homme; il nous faut les combattre en se rangeant du côté de Dieu, par les armes de la prière, le jeûne comme le Seigneur nous le dit : « Mais c'est par la prière et U jeûne seulement qu'on peut foire sortir ce genre d'esprit.» (Matthieu 17: 21). Dieu nous demanda de prier pour ne pas tomber dans la tentation, car il sait notre nature faible, et il a dit : « L'Esprit de l'homme est de bonne volonté, mais son corps est faible.» (Matthieu 26: 41). Dieu connaît très bien notre penchant vers le péché et la rapidité d'y retomber, c'est pourquoi il avertit Simon en lui disant : « Simon, Simon! Écoute: Satan a demandé de pouvoir vous secouer comme on secoue lz grain pour en séparer de la paille. Et quand tu seras revenu à moi, fortifie tes frères. »(Luc 22:31,32).

Le diable, notre ennemi, se déguise et n'apparaît pas de la même manière lorsqu'il se manifesta à nos premiers parents, mais il peut nous aborder sous l'habit d'un ami, d'un conseiller ou d'une personne affective. Il faut que nous soyons vigilants afin d'éviter le péché -à la source- , ses circonstances et et ses alliés, car le Seigneur nous met en garde en disant : « Si donc c'est à cause de ton oeil droit que tu tombes dans le péché, arrache-U et jette-le loin de toi: il vaut mieux pour toi perdre une seule partie de ton corps que d'avoir ton corps tout entier jeté en enfer. »(Matthieu 5 : 29 et Marc 9 : 47). Le diable est donc, un esprit assez puissant et veut foire détruire l'homme et le Seigneur Jésus a dit de lui : « Il a été meurtrier dès U commencement. Il ne s'est jamais tenu dans la vérité parce qu'il n'y a pas de vérité en lui. Quand il dit des mensonges, il parle de la manière qui lui est naturelle, parce qu'il est menteur et père du mensonge. »(Jean 8 : 44). Le diable veut toujours soumettre les partisans de Jésus-Christ, voilà pourquoi il faut que nous soyons éveillés et vigilants en accomplissant par la prière, la volonté du Seigneur : * Restez éveillés et priez pour ne pas tomber dans la tentation.» (Matthieu 26:41). Notre relation avec le Seigneur Jésus-Christ se maintient et nous fait triompher sur notre ennemi spirituel, par la veille et la prière, « Je ferai de celui qui est vainqueur une colonne dans le temple de mon Dieu. » (Apocalypse 3 : 12).

La 7ème sollicitation : (mais délivrez-nous du mal), que veut dire cela ?

Cette sollicitation est considérée celle qui complète la précédente. Notre délivrance du mal est semblable à notre délivrance de la tentation et vice-versa. Et le Seigneur Jésus demanda à son Père céleste pour nous, en disant : « Je ne te prie pas de les retirer du monde mais de les garder du Mauvais.» (Jean 17 : 15). Ce Mauvais est le diable qui se manifeste de nombreuses façons, comme St-Paul dit : « Il n'y a rien détonnant, car Satan lui-même est capable de se déguiser en ange de lumière.» (2 Corinthiens 11: 14). Et comme il est dangereux cet ennemi déguisé ! Or, St-Paul nous recommande : « Prenez sur vous toutes les armes que Dieu vous donne, afin de pouvoir Unir bon contre les ruses du diable.» (Ephésiens 6: 11). Tant que nous avons les armes complètes de Dieu nous n'avons pas peur du diable, parce que le Seigneur nous garde et protège, lui qui a dit : « Ne vendons pas deux moineaux pour un sou? Cependant, aucun d'eux ne tombe à terre sans que votre Père le permette. N'ayez donc pas peur : vous valez plus que beaucoup de moineaux. » (Matthieu 10 : 29 - 31 et Luc 12: 7). Le Seigneur est donc, avec nous et «Si Dieu est pour nous, qui peut être contre nous.» (Romains 8 : 31). Le Seigneur est appelé «Emmanuel» qui veut dire : Dieu est avec nous, il faut que nous soyons aussi avec lui pour que le diable nous fuit au loin.

La conclusion : (car à vous appartiennent le règne, le pouvoir et la gloire pour le siècle des siècles, amen) , que veut dire amen ?

Dans cette conclusion, nous croyons que Dieu est le tout-puissant et son ordre est, sans doute, exécuté, car c'est lui qui commande; c'est pourquoi nous lui avons demandé, dans notre prière, pour que sa volonté soit faite, et non celle de quiconque autre si haut soit-il. Étant donné que Dieu a le règne et le pouvoir, il a par conséquent la gloire aussi. Toutes les créatures doivent le louer, le glorifier et sanctifier son nom, comme nous l'avons, ci-haut, demandé. La puissance lui appartient par laquelle il domine le monde entier; et il nous a donné cette puissance et ce pouvoir pour vaincre les diables ses ennemis et nos ennemis. C'est pourquoi quand les soixante-dix revinrent pleins de joie et dirent : « Seigneur, même les esprits mauvais nous obéissent quand nous leur donnons des ordres en ton nom.» Il leur répondit : « "Je voyais Satan tomber du ciel comme un éclair. Écoutez : je vous ai donné le pouvoir de marcher sur les serpents et les scorpions et d'écraser toute la puissance de l'ennemi, et rien ne pourra vous foire du mal. Mais ne vous réjouissez pas de ce que les esprits mauvais vous obéissent; réjouissez-vous plutôt de ce que vos noms sont écrits dans les deux.» (Luc lO : 17 - 20). Le royaume de notre Seigneur est éternel, «La mort elle-même ne pourra rien contre elle.»(Matthieu 16: 18). Que son nom soit sanctifié sur la terre comme au ciel « Son règne n 'aura point de fin.» (Luc 1: 33). car son royaume n'a ni début ni fin.

Amen, est un mot qui signifie : (ainsi soit-il). Il signifie aussi : (vraiment) (2 Corinthiens 1 : 20) . En terminant la prière par le mot (amen), comme si nous voulons dire : Seigneur, reçoit notre prière, amen.

de la PRIÈRE OBLIGATOIRE

Question 138 : Comment se fait la prière obligatoire générale ?

La prière obligatoire générale se complète à son entrée à l'église, lorsque le paroissien fait le signe de la croix, en posant le bout du doigt de la main droite sur son front puis sur sa poitrine, son épaule gauche, suivie de celle de droite, et ce d'une manière habituellement connue, en disant : "au nom du Père, du Fils et du Saint-Esprit, un seul Dieu, amen".

Ensuite, il dit en s'inclinant : "Saint, Saint, Saint, est le Seigneur puissant, le ciel et la terre sont remplis de sa gloire, gloire au plus haut des deux, béni soit celui qui est venu et viendra au nom de Dieu, gloire au plus haut des deux". Puis il fait la prière des (trois sanctifications), suivie de l'Oraison Dominicale (le Pater) pour terminer; ainsi se complète la "levée" de la prière.

Question 139 : Répétez la prière des (trois sanctifications).

Vous êtes Saint, ô Seigneur, vous êtes Saint, ô puissant.

vous êtes Saint, ô immortel, vous qui était crucifié au lieu de nous, prenez pitié de nous, (doit être répétée trois fois en s'inclinant, à chaque fois, et en faisant le signe de la croix).

Ensuite le paroissien dit : « "Seigneur, prenez pitié de nous, soyez miséricordieux envers nous et prenez pitié de nous. Exaucez nous et prenez pitié de nous. Louange à vous Seigneur, Gloire à vous Seigneur, Louange à vous notre espérance pour toujours.

Question 140 : À qui s'adresse cette prière ?

Cette prière est adressée à la Parole de Dieu-incarné, lui qui est Dieu écouteur des demandes.

Question 141 : Combien de «levées» de prière nous sont-elles imposées par jour ?

La prière quotidienne qui nous est imposée contient quinze «levées», dix le jour et cinq le soir.

des SAINTS SACREMENTS

Question 142 : En terme ecclésiastique, qu'est-ce qu'un sacrement ?

Un sacrement est un acte sacré, par lequel le croyant reçoit une grâce invisible et insensible au moyen d'une matière visible et sensible dans un but de sanctification.

Question 143 : Quels sont les sacrements de l'Église ?

Les sacrements de l'Église sont sept : le Baptême, le Saint-Chrême, l'Eucharistie, la Pénitence, l'Ordre, l'Extrême-Onction et le Mariage.

Question 144 : Quelles sont les conditions nécessaires à l'accomplissement d'un sacrement?

Ces conditions sont trois : Les choses tangibles et matérielles qu'il faut prendre, les paroles sacrées qu'il faut utiliser et les personnes mandatés et chargés d'exécuter ces sacrements. La 1ère s'appelle (la matière) du sacrement, la 2ème est (l'image) du sacrement et la 3ème est (le serviteur) du sacrement.

Question 143 : Quelles sont les personnes mandatées à pratiquer les sacrements ?

Ces personnes sont : les évêques et les prêtres, tandis que ceux qui acceptent les sacrements sont uniquement les croyants.

Question 146 : Est-ce que tous les sacrements sont-ils nécessaires au salut ?

Non, cependant il y en a quatre qui sont extrêmement nécessaires au salut : le Baptême, le Saint-Chrême, la Pénitence et l'Eucharistie.

Question 147 : L'octroi des sacrements est-il limité ?

Oui, en effet, le Baptême, le Saint-Chrême et l'Ordre, contrairement aux autres sacrements, ne peuvent être reçus qu'une seule fois. du sacrement du BAPTÊME

Question 148 : Qu'est-ce que le Baptême ?

Le Baptême est le sacrement d'une deuxième naissance par l'eau et l'EspritSaint pour la rémission des péchés; il est un don de vie de grâce et une provision pour les fils de l'Église en vue d'hériter la vie éternelle.

Question 149 : Quelles sont les grâces que le Baptême confère ?

A - Le baptême pardonne le péché originel et nous confère le don de l'EspritSaint.

«"Changez de vie et que chacun de vous fasse baptiser au nom de Jésus-Christ, pour que vos péchés vous soient pardonnés. Vous recevrez alors le nom de Dieu, le Saint-Esprit"» (Actes 2:38) « Lève-toi, sois baptisé et lavé de tes péchés en faisant appel à son nom. » (Actes 22:16)

*« Vous tous, en effet, avez été baptisés pour être unis à Jésus-Christ et vous vous êtes ainsi revêtus de la condition nouvelle qui est en Jésus-Christ.» **(Galates 3:26 - 27)***

« Personne ne peut entrer dans le Royaume de Dieu s'il ne naît pas d'eau et de l'Esprit.» (Jean 3:5)

B - Il nous protège contre la mort et le diable.

* Ne savez-vous pas que nous tous qui avons été baptisés pour être unis à Jésus-Christ, nous avons été baptisés en étant unis à lui dans sa mort ? Par le baptême, donc, nous avons été enterrés avec lui pour être morts avec lui, ainsi que, tout comme le Christ a été ramené de la mort à la vie par la puissance glorieuse du Père, nous aussi nous vivons d'une vie nouvelle.» (Romains 6:3-5)

C - Il octroie le don du salut éternel.

« Celui qui croira et sera baptisé sera sauvé; mais celui qui ne croira pas sera condamné.» (Marc 16:16)

« Cette eau était une image du baptême qui vous sauve maintenant.» (1 Pierre 3 :21)

Question 150 : Comment pouvons-nous obtenir le pardon des péchés, la protection contre la mort, le diable et espérer en la vie éternelle grâce au baptême ?

En vertu de la forte croyance que nous avons dans sa promesse, la Parole de Dieu, met toutes les grâces dans le baptême qui nous donne : le pardon des péchés, la vie éternelle et le salut; et nous considérons toutes ces grâces comme étant les nôtres.

« Il a agi ainsi pour l'Église digne d'être à Dieu, après l'avoir purijiée par l'eau et par la parole. »(Ephésiens 5:25 -26)

Question 151 : Pourquoi le Baptême est-il appelé la deuxième naissance et le renouvellement de l'EspritSaint ?

Dans le baptême, en effet, l'EspritSaint active la foi et fait ainsi naître en nous une vie spirituelle nouvelle.

Question 152 : Que symbolise le baptême par l'eau ?

Le bassin du baptême représente le tombeau, et l'eau symbolise la terre. Nous sommes enterrés avec le Christ, et nous nous levons victorieux avec lui.

« Par le baptême, donc, nous avons été enterrés avec lui pour être morts avec lui, afin que, tout comme le Christ a été ramené de la mort à la vie par la puissance glorieuse du Père, nous aussi nous vivions d'une vie nouvelle.»(Romains 6: 4)

Question 153 : Que signifie l'ancien Adam ?

L'ancien Adam caractérise son péché originel lorsqu'il l'a commis. Ce péché, hérité de lui, naît en nous.

« Vous devez donc vous débarrasser de votre vieille nature, qui déterminait la façon dont vous vous conduisiez dans le passé, cette vieille nature que ses désirs trompeurs mènent à la ruine.» (Ephésiens 4:22)

Question 154 : Comment foire noyer en nous l'ancien Adam ?

Nous pouvons foire noyer en nous l'ancien Adam par la contrition et la repentance, au moyen desquelles nous pourrons résister aux désirs trompeurs et les vaincre.

<r Ceux qui appartiennent à Jésus-Christ ont fait mourir leur nature humaine avec ses passions et ses désirs»(Galates 5:24)

Question 155 : Que signifie l'être humain nouveau ?

L'être humain nouveau serait la vie spirituelle nouvelle du baptême (la deuxième naissance).

** Dès que quelqu'un est uni au Christ, il est un être nouveau.» (2 Corinthiens 5 : 17)*

Question 156 : Comment cet être nouveau peut-il naître et croître ?

L'être nouveau naît et croît tant que nous vainquons quotidiennement le péché et nous vivons dans la sainteté véritable.

« Revêtez-vous de la nouvelle nature, qui est créée à la ressemblance de Dieu et se manifeste dans la vie juste et sainte qu 'inspire la vérité. » (Ephésiens 4: 24)

Question 157 : Comment se prépare-t-on pour recevoir le baptême ?

On s'y prépare par la repentance et la foi.

Question 158 : Comment se fait le baptême ?

Le baptême consiste à immerger (trois fois de suite) le baptisé dans l'eau naturelle en disant : "Soit baptisé au nom du Père, du Fils et du Saint-Esprit", avec les prières obligatoires correspondantes.

Question 159 : Au moment du baptême, le baptisé que promet-il ?

Le baptisé renonce à Satan, ses oeuvres, ses pompes et croit à l'enseignement divin de Jésus-Christ, à son Père et à l'EspritSaint (la Sainte Trinité).

Question 160 : Pourquoi désigne-t-on un témoin à chaque baptisé ?

Un témoin est assigné à chaque baptisé

A - Pour témoigner, à la place du baptisé, des promesses du baptême et que le baptême s'est déroulé d'une manière correcte.

Afin que toute accusation soit appuyée par le témoignage de deux ou trois témoins.» (Matthieu 18:16)

B - Pour que le témoin puisse aider le baptisé à apprendre les principes religieux et l'éduquer chrétiennement.

C - Pour prier pour le baptisé.

Question 161 : Quand doit-on baptiser ?

L'enfant doit être baptisé quelque temps après la naissance, craignant que la mort puisse survenir, privant ainsi, le baptisé du royaume des deux.

du sacrement
du SAINT- CHRÊME

Question 162 : Qu'est-ce que le Saint-Chrême ?

Le Saint-Chrême : est composé d'huile d'olive et de baume que le baptisé reçoit lors du baptême. Son effet est d'affirmer le baptisé dans la foi chrétienne, lui donner la force par la grâce de l'EspritSaint pour lutter contre le pouvoir du diable.

Question 163 : Ce sacrement, on le donne quand ?

On donne ce sacrement immédiatement après le baptême.

Question 164 : Que faut-il pour recevoir ce sacrement ?

À celui qui reçoit ce sacrement, il faut qu'il soit pur (corps et âme); et s'il est un adulte, il faut qu'il connaisse les principaux mystères de la religion chrétienne.

Question 165 : Quand le Saint-Chrême se sanctifie-t-il et par qui ?

Le Saint-Chrême est sanctifié une fois l'an parce que le Seigneur Jésus-Christ est mort, enseveli et ressuscité une seule fois. Ce sacrement est sanctifié le plus souvent, le Jeudi Saint, par le Patriarche d'Antioche et le Catholicos.

du sacrement
de la SAINTE-EUCHARISTIE

Question 166 : Qu'est-ce que la Sainte Eucharistie ?

La Sainte Eucharistie est un sacrement divin qui contient, vraiment, le corps et le sang de notre Seigneur Jésus-Christ, sous forme du pain et du vin.

Question 167 : Quand Jésus-Christ a-t-il institué ce sacrement ?

Jésus-Christ institua ce sacrement le Jeudi Saint; la veille de sa mort, il prit du pain , le bénit, le rompit et donna à ses apôtres en disant : "Prenez et mangez : ceci est mon corps. Ensuite il prit la coupe de vin, la bénit et leur donna en disant : Buvez-en tous, ceci est mon sang qui sera répandu pour la rémission des péchés. Faites ceci en mémoire de moi", alors les apôtres livrèrent ce sacrement à leurs successeurs, les évêques et les prêtres.

« Pendant qu'ils mangeaient, Jésus prit du pain et, après avoir remercier Dieu, il le rompit et le donna à ses disciples; il leur dit: "Prenez et mangez ceci, c'est mon corps. Il prit ensuite une coupe de vin et, après avoir remercié Dieu, il la leur donna en disant: "Buvez-en tous, car ceci est mon sang le sang qui confirme l'alliance de Dieu et qui est versé pour beaucoup, pour le pardon des péchés ". » (Matthieu 26: 26- 29)

Question 168 : Quand cette sanctification aura-t-elle lieu ?

Cette sanctification (la Transsubstantiation du pain et du vin en corps et en sang du Christ) a lieu pendant la célébration de la liturgie sainte.

Question 169 : Comment cela est-il possible alors, qu'apparemment, le pain et le vin demeurent inchangés après la sanctification ?

Après la sanctification, même si aucun changement apparent n'est survenu quant à la couleur, la forme ou le goût du pain et du vin, cependant, nous voyons par l'oeil de la foi et d'esprit, qu'ils sont vraiment devenus le corps et le sang de Jésus-Christ.

« Nous marchons en effet dans la foi et non en voyant déjà.» (2 Corinthiens 5:7)

Question 170 : Pourquoi croyons-nous à la Transsubstantiation du corps et du sang du Christ dans le plus petit élément de l'un et de l'autre ?

Je crois à la Transsubstantiation :

A - Car Jésus-Christ dit : *"Prenez et mangez ceci, c'est mon corps qui est donné pour vous", et "Ceci est mon sang qui est versé pour beaucoup". (Matthieu 26 : 26,28), (Marc 14 : 22,24), (Luc 22 : 19,20), (1 Corinthiens 11 : 24,25)-*

B - L'Évangile Saint indique que la coupe représente la communion avec le sang du Christ, et le pain la communion avec le corps du Christ.

« Pensez à la coupe de bénédiction pour laquelle nous remercions Dieu : lorsque nous en buvons, ne nous met-elle pas en communion avec le sang du Christ ? Et le pain que nous rompons : lorsque nous en mangeons, ne nous met-il pas en communion avec le corps du Christ? (1 Corinthiens 10: 16)

C - L'Évangile Saint annonce : si quelqu'un mange - sans mérite - le pain du Seigneur et boit du vin de sa coupe, il se rend coupable, non envers le pain et le vin, mais plutôt envers le corps et le sang du Christ.

« C'est pourquoi, si quelqu'un mange le pain du Seigneur ou boit de sa coupe d'une façon indigne, il se rend coupable de péché envers le corps et le sang du Seigneur.» (1 Corinthiens 11 : 27)

D - Parce que personne a le droit de changer l'ordre divin ou l'alliance.

« "Ceci est mon sang, le sang qui confirme l'alliance de Dieu et qui est versé pour beaucoup.» (Marc 14: 24)

« Frères, je vais utiliser un exemple pris dans la vie courante: quand un homme a établi un testament d'une façon correcte, personne ne peut annuler ce testament ou lui ajouter quelque chose.» (Galates 3: 15)

Question 171 : Pourquoi Jésus-Christ a institué ce sacrement ?

Le Christ a institué ce sacrement pour s'offrir lui-même en sacrifice à Dieu son Père, à notre place, afin que, ce sacrifice, nous servira comme nourriture spirituelle et nous vivions par lui.

Question 172 : Dans quel but la liturgie sainte est-elle célébrée ?

La liturgie sainte est célébrée pour la gloire de Dieu, son remerciement, l'imploration de sa miséricorde et le pardon des péchés des vivants et des morts.

de la COMMUNION de la SAINTE EUCHARISTIE

Question 173 : Qu'est-ce que la Communion de la Sainte Eucharistie ?

La Sainte Communion consiste à recevoir le corps et le sang de Jésus-Christ comme nourriture spirituelle et un gage à la vie éternelle.

Question 174 : Quels bénéfices tirons-nous de la Sainte Communion?

La Sainte Communion sanctifie l'âme de l'homme en affaiblissant en lui les désirs charnels, et fournissant à celui qui la reçoit le pardon des péchés et le salut dans la vie éternelle.

Question 175 : Lorsque notre Seigneur Jésus-Christ dit : "Faites cela en mémoire de moi", que nous demande-t-il ?

Quand le Seigneur dit : *"Faites cela en mémoire de moi"*, il nous demande de pratiquer toujours ce sacrement à son Église; en nous rappelant la mort du Christ, en croyant à sa Résurrection et attendant sa deuxième venue.

« En effet, jusqu'à ce que le Seigneur vienne, vous annoncez sa mort toutes les fois que vous mangez de ce pain et que vous buvez de cette coupe.» (1 Corinthiens 11:26)

Question 176 : Pourquoi devons-nous souvent communier ?

C'est notre devoir de recevoir souvent la communion sainte parce que :

A - Le Christ nous commande ou nous demande avec insistance en disant : "Faites cela en mémoire de moi".

«r Toutes les fois que vous boirez, faites-le en souvenir de moi ". En effet, jusqu'à ce que le Seigneur vienne, vous annoncez sa mort toutes les fois que vous mangez de ce pain et que vous buvez de cette coupe.» (1 Corinthiens 11:26)

« Ils s'appliquaient fidèlement à écouter l'enseignement que donnaient les apôtres, à vivre dans la communion fraternelle, à prendre part aux repas communs et à participer aux prières.» (Actes 2:42)

B - Le Christ promet de nous combler de grâces.«"qui est versé pour vous, pour le pardon des péchés.»

« "Venez à moi vous tous qui êtes fatigués de porter un lourd fardeau et je vous donnerai le repos.» (Matthieu 11: 28)

C - Parce que nous avons besoin du pardon des péchés, de la force pour résister au diable, au monde et à nos désirs charnels.

Question 177 : Comment le croyant reçoit-il le corps et le sang du Christ ?

Le croyant reçoit le corps et le sang du Christ, en mangeant le pain et buvant le vin.

« Jésus prit du pain et, après avoir remercier Dieu, il le rompit et le donna à ses disciples; il leur dit: "Prenez et mangez ceci, c'est mon corps. " Il prit ensuite une coupe de vin et, après avoir remercier Dieu, il la leur donna en disant: "Buvez-en tous, car ceci est mon sang.»(Matthieu 26:26- 27)

Question 178 : Quelles sont les conditions de la communion ?

Des conditions existent à la communion, citons quelques unes :

Méditer la grandeur de ce sacrement saint, et réfléchir profondément à son sérieux, comme St-Paul dit : *« Si quelqu'un mange du pain et boit de cette coupe sans reconnaître leur relation avec le corps du Seigneur, il attire le jugement sur lui-même en mangeant et en buvant".» (1 Corinthiens 11: 29)*

S'examiner soi-même en examinant sa conscience.

« Que chacun donc s'examine soi-même et qu'il mange alors de ce pain et boive de cette coupe.» (1 Corinthiens 11:28)

Le communiant doit -au préalable- présenter sa repentance complète en se confessant devant un prêtre légitime.

Il doit s'approcher pour communier avec un respect convenable, un coeur pur et une âme soupirante à recevoir le Seigneur (Psaume 42 : 1)

Si la liturgie sainte est célébrée le matin de bonne heure, le communiant doit être à jeun depuis minuit; et si la liturgie a lieu dans l'après-midi, il faut qu'il soit à jeun, préalablement, trois heures au moins.

L'Église a pris l'habitude de communier les enfants, surtout, après le baptême pour que le corps et le sang du Christ leur servira de nourriture pour la vie éternelle.

Question 179 : Celui qui reçoit, indignement, la communion sainte, dans quel état sera-t-il ?

Celui qui ose recevoir la communion sainte, en étant pécheur, se rend coupable d'un grand sacrilège et apporte sur lui-même le jugement.

Question 180 : Est-il nécessaire au communiant qui reçoit le pain, de boire aussi du vin ?

C'était la coutume de la Chrétienté dans ses premiers temps. L'Église, par la suite, a permis d'imbiber le corps dans le sang du Christ, après quoi, le prêtre communie les croyants.

«r En effet jusqu'à ce que le Seigneur vienne, vous annoncez sa mort toutes les fois que vous mangez de ce pain et que vous buvez de cette coupe. C'est pourquoi, si quelqu'un mange le pain du Seigneur ou boit de sa coupe d'une façon indigne, il se rend coupable de péché envers le corps et le sang du Seigneur. Que chacun donc s'examine soi-même et qu'il mange alors de ce pain et boive de cette coupe.» (1 Corinthiens 11: 26 - 28)

Question 181 : Parmi les fidèles, ceux qui ont la foi faible, ont-ils la permission de recevoir la communion ?

Oui, ceux qui ont la foi faible, doivent s'approcher de la table de communion pour rendre leur foi forte, surtout ceux qui viennent, en soupirant et ayant une foi troublée, s'ils ne peuvent en tirer tous les bénéfices, au moins ils auront quelques uns.

Quant à ceux qui reçoivent le corps et le sang du Christ sans qu'ils soient remplis de foi ou qui n'ont pas préparé leurs âmes, corps et consciences, ils mangeront et boiront un jugement pour eux-mêmes.» (1 Corinthiens 11 : 29)

« "Je crois, aide-moi car j'ai de la peine à croire.» (Marc 9 : 24)

« Je ne rejetterai jamais celui qui vient à moi.» (Jean 6 : 37)

Question 182 : Qui sera-t-il privé de recevoir la sainte communion ?

Seront privés de recevoir la sainte communion :

A - Les athées et les impénitents.

** Car si quelqu'un mange du pain et boit de la coupe sans reconnaître leur relation avec le corps du Seigneur il attire le jugement sur lui-même en mangeant et buvant.» (1 Corinthiens 11:29)*

B - Ceux qui ont offensés sans en demander le pardon.

« Si donc tu viens présenter ton offrande à Dieu à l'autel et que là tu te souviennes que ton frère a quelque chose contre toi, laisse là ton offrande, devant l'autel, et va d'abord foire la paix avec ton frère; puis reviens et présente ton offrande à Dieu.» (Matthieu 5: 23 - 24)

C - Ceux qui ont une croyance différente, car la sainte communion est le témoignage de l'unité de la foi.

« Ils s'appliquaient fidèlement à écouter l'enseignement que donnaient les apôtres, à vivre dans la communion fraternelle, à prendre part aux repas communs et à participer aux prières.» (Actes 2:42)

« Je vous le demande, frères, prenez garde à ceux qui suscitent des divisions et égarent les croyants en s'opposant à l'enseignement que vous avez reçu. Éloignez-vous d'eux.» (Romains 16:17)

Question 183 : Que faut-il foire avant la Sainte Communion ?

Le communiant doit majestueusement méditer ce sacrement, c'est pourquoi il doit se préparer à se confesser devant le prêtre pour renouveler sa foi dans toute sa réalité et se tenir, respectueusement, auprès de la table de vie afin de recevoir la Sainte Communion.

Question 184 : Et que faut-il foire après la communion ?

Le communiant doit contempler ce sacrement en remerciant Jésus-Christ pour avoir reçu sa grâce, et il doit prier spécialement pour que sa journée soit bénie, en lisant les livres saints.

du sacrement de PÉNITENCE

Question 185 : Qu'est-ce que le sacrement de Pénitence ?

La Pénitence est un sacrement institué par Jésus-Christ pour la rémission des péchés commis après le baptême.

Question 186 : Quelles sont les conditions de la repentance ?

Elles sont trois : la contrition d'avoir péché, l'aveu du pénitent de ses péchés et l'accomplissement de sa pénitence.

Question 187 : Qu'est-ce que la contrition ?

La contrition est une douleur profonde et sincère ressentie par le pénitent après avoir offensé Dieu, par ses péchés.

Question 188 : Quelles sont les principales conditions d'une bonne repentance ?

Les principales conditions sont : La repentance doit être véritable, complète, issue du fond du coeur et englobe tous les péchés; le pénitent doit détester le péché et prendre une ferme résolution de ne plus jamais y retomber.

de la CONFESSION

Question 189 : Qu'est-ce que la confession ?

La confession est l'aveu qu'un pénitent fait de ses péchés à un prêtre légitime afin d'en obtenir le déliement.

Question 190 : Comment le repentant doit avouer ses péchés ?

Le repentant doit avouer, avec humilité et recueillement, tous ses péchés en faisant connaître: leur nombre, espèce et circonstance; et s'il oublie, sans attention, un péché, il doit l'avouer dès qu'il s'en rappellera.

Question 191 : À qui Jésus-Christ a-t-il conféré l'autorité du pardon des péchés ?

Jésus-Christ a conféré l'autorité du pardon des péchés à ses apôtres et leurs successeurs c'est-à-dire les Évêques et les Prêtres, et il établit cela après sa Résurrection.

« "Je vous le déclare, c'est la vérité; tout ce que vous interdirez sur terre sera interdit dans le ciel; tout ce que vous permettrez sur terre sera permis dans le ciel.» (Matthieu 18: 18) « Jésus leur dit de nouveau : "La paix soit avec vous! Comme le Père m'a envoyé, moi aussi je vous envoie. " Après ces mots, il souffla sur eux et leur dit: "Recevez le Saint-Esprit! Ceux à qui vous pardonnerez leurs péchés obtiendront le pardon; ceux à qui vous refuserez le pardon ne l'obtiendront pas.» (Jean 20 : 21 - 23)

Question 192 : Qui auront-ils leurs péchés pardonnés ?

Après avoir reçu son autorité de Dieu, le prêtre qui est leur confesseur légitime, seuls les pécheurs repentis auront le pardon des péchés.

«r Changez donc de vie et tournez-vous vers Dieu, pour qu 'il efface vos péchés. » (Actes 3 : 19)

Question 193 : Qui sont les pécheurs repentis ?

Les pécheurs repentis sont ceux qui regrettent leurs péchés et croyant en Jésus-Christ comme leur Sauveur, et viennent confesser leurs péchés devant le prêtre.

« Crois au Seigneur Jésus-Christ et tu seras sauvé, toi et ta famille.» (Actes 16:31)

- *À lire : sur la repentance du collecteur d'impôt (Luc 18 : 13), - la repentance du fils perdu et retrouvé (Luc 15 : 11 - 24), -La contrition de l'apôtre St-Pierre (Matthieu 26 : 75)*

Question 194 : Quel est le fruit résultant d'une repentance sincère ?

Le fruit d'une repentance sincère c'est la vie chrétienne véritable.

« Accomplissez des actes qui montrent que vous avez changé de vie.» (Matthieu 3 : 8) et voir (Galates 5:22-24)

Question 195 : Qui ont-ils leurs péchés retenus ?

Les pécheurs impénitents qui ne croient pas en Jésus-Christ, ont leurs péchés retenus tant qu'ils ne se repentent pas.

Question 196 : Les hypocrites (ceux qui avouent, du bout des lèvres, leurs péchés) sans qu'ils ne ressentent la contrition, obtiennent-ils le pardon des péchés ?

Les hypocrites n'obtiennent pas le pardon des péchés, car ils n'acceptent pas la grâce de Dieu que l'absolution leur donne.

« Car nous avons entendu la Bonne Nouvelle tout comme ceux qui étaient dans le désert. Ils ont entendu ce message mais il ne leur servit de rien, car lorsqu'ils l'entendirent ils ne le reçurent pas avec foi.» (Hébreux 4:2)

Question 197 : Comment se prépare-t-on à la confession ?

Le pénitent doit demander l'aide de Dieu avant l'examen de conscience pour bien se rappeler de ses péchés commis contre Dieu, son prochain et soi-même afin de les regretter et ne point y retomber; il doit ensuite les avouer en toute simplicité et sincérité, à un prêtre, légitimement autorisé, et écoutera avec attention les conseils appropriés du confesseur, que le pénitent doit exécuter.

Question 198 : Si le pécheur pénitent cache un péché, qu'arrive-t-il ?

Si le pécheur pénitent cache volontairement un péché, il commet une faute grave, il devra remplacer sa confession par une autre bonne et correcte.

Question 199 : Le pénitent, après avoir fait sa confession, qu'est-ce qu'il doit foire ?

Le pénitent s'engage à remercier Dieu pour la grâce du pardon, à respecter la loi de dédommager l'insulte causée par le péché et changer sa ligne de conduite en pratiquant les oeuvres de repentance et de vertu.

Question 200 : De quelle façon, satisfaisons-nous à la loi ?

Nous accomplissons la loi envers Dieu: par la prière, le jeûne et la charité, et envers son prochain : par le dédommagement du tort qui peut l'atteindre en sa personne, son honneur, ses biens ou autres.

Question 201 : Récitez la prière de confession.

Je me confesse à Dieu le Père tout- puissant, à son Fils bien-aimé Jésus-Christ notre Seigneur, et au Saint-Esprit. Je crois en trois conciles oecuméniques saints: Nicée, Constantinople et Ephèse; je me confesse au saint sacerdoce, conféré à vous (mon père) par lequel vous pouvez délier et retenir. Par ma faute, par ma très grande faute, j'ai péché par tous les sens, intérieurs et extérieurs, en parole, en acte et en pensée. C'est pourquoi je me repens complètement et me propose de ne plus jamais y retourner, préférant mourir plutôt que d'embrasser le péché. Je vous demande par le pouvoir du saint sacerdoce de m'absoudre et me pardonner, en implorant Dieu pour qu'il m'accorde le pardon par sa grâce. Amen.

Feu Boris 1er archevêque primat orthodoxe syro-antiochien en Europe

du sacrement de l'ORDRE

Question 202 : Qu'est-ce que l'Ordre ?

L'Ordre est un sacrement qui confère à celui qui le reçoit, le pouvoir d'exercer les sacrements de l'église et guider les croyants vers le chemin du salut.

Question 203 : Quand Jésus-Christ a-t-il institué ce sacrement ?

Jésus-Christ institua ce sacrement le Jeudi Saint.

Question 204 : Qui est le gardien du sacrement de l'Ordre ?

Le gardien du sacrement de l'Ordre est l'Évêque.

Question 205 : Quels sont les principaux grades ecclésiastiques et combien sont-ils ?

Les grades ecclésiastiques sont trois : le diacre, le prêtre et l'évêque, et chaque grade a ses échelons.

Question 206 : Quelles sont les principales conditions du prêtre ?

Les principales conditions du prêtre: Il faut qu'il soit pieux, loin de toute interdiction légitime, exempt de tout handicap corporel ou psychique, en état de grâce, éduqué, sage et enthousiaste pour bien veiller au salut des paroissiens.

de l'ONCTION

Question 207 : Qu'est-ce que l'Extrême-Onction ?

L'Extrême-Onction est un sacrement saint qui procure la guérison de l'âme et du corps du malade.

Question 208 : Comment le sacrement de l'Extrême-Onction est-il pratiqué ?

Le prêtre, à l'aide d'un morceau de coton imbibé de l'onction sainte, essuie les membres du malade en récitant les prières dûment ordonnées.

Question 209 : Quels sont les bénéfices de l'Extrême-Onction ?

L'Extrême-Onction remet les péchés (véniels) du malade, lui donnent courage, patience et consolation dans ses souffrances et peut parfois le guérir de sa maladie.

Question 210 : Comment se prépare-t-on pour obtenir le sacrement de l'Extrême-Onction ?

On s'y prépare par la repentance et l'aveu des péchés.

Question 211 : Quand reçoit-on l'extrême-onction?

On doit recevoir l'Extrême-Onction avant que le malade soit en danger de mort; ce sacrement pourra lui être utile s'il l'a incessamment demandé en étant préparé pour le recevoir.

du sacrement du MARIAGE

Question 212 : Qu'est-ce que le mariage ?

Le mariage est une alliance légitime entre un homme et une femme pour avoir une descendance pure et une assistance dans une vie commune.

Question 213 : Quelles sont les conditions du mariage ?

Les conditions du mariage : le commun accord des deux parties, un prêtre qui - en présence de témoins - bénit le mariage qui ne doit pas être fait entre parents ou avant l'âge légal.

Question 214 : Le lien du mariage peut-il être dissous ?

Le mariage ne peut-être dissous qu'à la mort d'une des parties.

Question 213 : Comment se prépare-t-on pour recevoir ce sacrement

On s'y prépare par la confession et la sainte communion.

Question 216 : Quelles sont les responsabilités de l'homme ?

L'homme doit aimer sa femme, être en accord avec elle par l'appui de Dieu, il doit nourrir sa famille et veiller à bien éduquer les enfants, corporellement et spirituellement.

Question 217 : Quelles sont les responsabilités de la femme ?

La femme doit aimer son mari, lui obéir, être en accord avec lui par l'appui de Dieu; elle doit aider son mari à gérer la maison et éduquer les enfants.

Question 218 : Quelles sont les responsabilités des enfants ?

Les enfants doivent aimer leur parent, les obéir, respecter, les servir pendant leur vieillesse pour obtenir leur bénédiction.

LES COMMANDEMENTS de DIEU

Question 219 : Quels sont les commandements divins ?

Ils sont les dix commandements donnés au peuple juif par l'entremise de Moïse. Quatre commandements sont en relation avec Dieu et les six autres concernent les relations avec le prochain. Jésus-Christ les a réduits à deux: Aimer Dieu et aimer votre prochain.

Question 220 : Récitez les dix commandements.

1- **Tu n'auras pas d'autre Dieu que moi**.
2- **Tu ne te feras pas d'idole** représentant quoi que ce soit de ce qui se trouve en haut dans le ciel, en bas sur la terre ou dans les eaux plus bas que la terre. Tu ne te prosterneras pas devant de telles idoles et tu ne leur rendras pas de culte, car moi, l'Eternel, je suis un Dieu qui ne tolère aucun rival : je punis les fils pour la faute de leur père jusqu'à la troisième et même la quatrième génération de ceux qui me haïssent, mais j'agis avec amour, jusqu'à la millième génération, envers ceux qui m'aiment et qui obéissent à mes commandements.
3- **Tu n'utiliseras pas le nom de l'Eternel ton Dieu pour tromper**, car l'Eternel ne laisse pas impuni celui qui utilise son nom pour tromper.
4- **Observe le jour du sabbat** et fais-en un jour consacré à l'Eternel, comme l'Eternel ton Dieu te l'a commandé. Tu travailleras pendant six jours et tu feras tout ce que tu as à faire. Mais le septième jour est le jour du repos consacré à l'Eternel ton Dieu ; tu ne feras aucun travail ce jour-là, ni ton ni ton fils, ni ta fille, ni ton serviteur, ni ta servante, ni ton bœuf, ni ton âne, ni tout ton bétail, ni l'étranger qui réside chez toi. Tu te souviendras que tu as été esclave en Egypte et que l'Eternel ton Dieu t'a demandé d'observer le jour du sabbat.
5- **Honore ton père et ta mère**, comme l'Eternel ton Dieu te l'a ordonné, afin de jouir d'une longue vie et de vivre heureux dans le pays que l'Eternel ton Dieu te donne.
6- **Tu ne commettras pas de meurtre**.
7- **Tu ne commettras pas d'adultère**.
8- **Tu ne commettras pas de vol**.
9- **Tu ne porteras pas de faux témoignage** contre ton prochain.
10-**Tu ne convoiteras pas** la femme de ton prochain. Tu ne convoiteras pas la maison de ton prochain, ni son champ, ni son serviteur, ni sa servante, ni son bœuf, ni son âne, ni rien de ce qui lui appartient.

Question 221 : Dieu, qu'a-t-il promis ceux qui observent ses commandements?

Ceux qui observent les commandements. Dieu les promit de grâces, d'abondance et ensuite de la gloire céleste.

Question 222 : Et par quoi. Dieu menace ceux qui transgressent ses commandements ?

Dieu les a menacé de fléaux, calamités et ensuite de souffrance éternelle.

4 du (1er) et (2e) Commandements

(1) Je suis le Seigneur votre Dieu; un seul Dieu tu adoreras, et aimeras parfaitement.

(2) Ne feras point d'image taillée, ni aucune figure; tu ne les adoreras point et ne leur rendras point le souverain culte.

Question 223 : Dieu, qu'est-ce qu'il nous ordonne dans ces deux premiers commandements ?

Dans ces commandements. Dieu nous ordonne de le reconnaître, de l'aimer, de croire en lui, de l'adorer et d'avoir confiance en lui au-dessus de tout. Il nous demande de lui présenter l'honneur à sa majesté divine et ne lui foire aucune image ou figure pour l'adorer.

Question 224 : Ces deux commandements, nous défendent-ils de foire quoi ?

Ces commandements nous défendent de croire à une pluralité en Dieu, ou de blasphémer, de pratiquer un culte athée, la magie et la simonie.

Question 225 : Qu'est-ce qu'un culte athée ?

Un culte athée consiste à honorer les créatures, honneur qui ne convient qu'au créateur.

Question 226 : Qu'est-ce que la magie ?

La magie est un acte diabolique qui utilise des choses maléfiques, ou se renseigne sur des choses inconnues. Elle revêt plusieurs aspects.

Question 227 : Qu'est-ce que la Simonie ?

La Simonie est de foire la vente des saints sacrements contre de l'argent ou autre.

Question 228 : Que dites-vous d'honorer les images des saints ?

Nous honorons les saints par respect et non pour adoration, car ils sont les bien-aimés et les élus de Dieu. Leurs images décrivent leur vie pieuse qu'ils nous ont laissée comme un souvenir bien respecté. Nous respectons aussi les sanctuaires et les choses sacrées relatives au culte divin.

Saint Grigorios de Parumala

Tu n'utiliseras pas le nom de l'Eternel ton Dieu pour tromper.

Question 229 : Dans ce commandement, que Dieu nous interdit-il de faire ?

Dans ce troisième commandement. Dieu nous interdit d'invoquer, vainement, son nom.

Question 230 : Que veut dire « invoquer vainement le nom de Dieu »

« Invoquer en vain le nom de Dieu » signifie :

A - Prononcer irrespectueusement son nom en utilisant des expressions telles que : «Par le Grand Dieu», «Par la vie de Dieu», «Par la vie du Christ»,... etc.

B - Maudire, jurer, pratiquer des actes de magie, mentir et tricher les autres en invoquant - comme témoin - le nom de Dieu.

Question 231 : Quand on maudit en invoquant le nom de Dieu, que veut dire cela ?

Cela veut dire :

A - Blasphémer contre Dieu par des impiétés ou l'insulter, lui qui est tout saint !

- Les juifs se sont moqués de Jésus-Christ alors qu'il était sur la croix (Matthieu 27 : 39 - 43).

B - Demander à Dieu pour qu'il verse sa colère et son châtiment sur une personne ou une chose.

L'apôtre Jacques, au sujet de la langue, dit : «Nous l'utilisons pour remercier le Seigneur notre Père, mais aussi pour maudire les hommes que Dieu a créés à sa ressemblance. Des paroles de reconnaissance et de malédiction sortent de la même bouche. Mes frères, il ne faut pas qu'il en soit ainsi. » (Jacques 3 : 9 -10)

Les Juifs se sont maudis eux-mêmes et leurs enfants (lorsqu'ils demandèrent le crucifiement de Jésus-Christ) (Matthieu 27:25); Pierre (l'apôtre de Jésus) a maudis, lorsque la servante l'a reconnu, étant l'un des apôtres de Jésus (Matthieu 26 : 74).

Question 232 : Qu’est-ce qu'un voeu ?

Un voeu est une promesse délibérée que l'on fait à Dieu avec l'intention de s'obliger rigoureusement à accomplir une chose qui est agréable à Dieu.

Question 233 : Quelles sont les conditions d'un voeu ?

Le voeu est soumis à cinq conditions : l'attention, le volontariat, la possibilité et l'existence d'un sort meilleur; le tout doit être consacré à Dieu seul.

H.G. ALVARES MAR JULIUS (1889 - 1923)
GOA, MANGALAPURAM DIOCESE

Observe le jour du sabbat

Question 234 : Dieu, qu'est-ce qu'il nous ordonne de foire, selon ce (4e) commandement ?

Dieu nous ordonne de respecter le Dimanche, de le lui consacrer à sa louange, en s'abstenant de foire tout travail ou activité, et ce dans le but d'assister à la Sainte Liturgie et passer le temps en lisant les livres saints et pratiquer les vertus qui s'y trouvent.

Question 235 : Pourquoi le Dimanche fut-il choisi dans le nouveau testament (l'Évangile) ?

Le Dimanche fut désigné, car en ce jour-là Jésus-Christ est ressuscité des morts et sauva l'humanité; et l'EspritSaint aussi descendit (un Dimanche) sur les apôtres.

Question 236 : Qu'est-ce qui est associé au Dimanche ?

Les jours saints sont associés au Dimanche, car ils sont désignés par Dieu et l'Église, pour célébrer le culte et honorer les saints.

Question 237 : Celui qui fait travailler son prochain - un dimanche - commet-il un péché ?

Oui, il commet un péché, même si le travail était fait gratuitement.

+++

Honore ton père et ta mère

Question 238 : Dans ce 5ème commandement, Dieu que nous demande-t-il ?

Dans ce commandement. Dieu nous demande :

A - D'honorer nos parents et chefs comme des personnes mandatés de Dieu.

« "Respecte ton père et mère" est le premier commandement auquel soit ajoutée une promesse: "afin que tu sois heureux et que tu vives longtemps sur la terre.» (Ephésiens 6:2, 3)

B - Nous devons servir nos parents et chefs autant que nous le pouvons.

«r Il faut que ceux-ci apprennent d'abord à pratiquer leurs devoirs religieux envers leur propre famille et à rendre ainsi à leurs parents et grands parents ce qu'ils leur doivent, car cela est agréable à Dieu.» (1 Timothée 5:4)

- Jésus-Christ manifesta sa préoccupation envers sa mère (Jean 19 : 26)

C - Nous devons obéir à nos parents et chefs dans toutes choses dont ils sont mandatés et responsables de la part de Dieu envers nous.

« Enfants, c'est votre devoir devant le Seigneur d'obéir en tout à vos parents, car cela est agréable à Dieu. »(Colossiens 3:20)

« Serviteurs, soyez soumis à vos maîtres avec un entier respect, non seulement à ceux qui sont bons et disposés, mais aussi à ceux qui sont durs. *» (1 Pierre 2:18)*

« Nous devons obéir à Dieu plutôt qu'aux hommes.» (Actes 5:29)

- Jésus-Christ était obéissant à Joseph et à sa mère (Luc 2: 51)

Tu ne commettras pas de meurtre.

Question 239 : Dans le 6ème commandement, qu'est-ce que Dieu nous défend de foire ?

A - Dieu nous défend de tuer (commettre l'homicide) ou de nous nous donner la mort (le suicide).

« Tous ceux qui prennent l'épée périront par l'épée.» (Matthieu 26:52) (la peine capitale)

« En effet, les dirigeants ne sont pas à craindre par ceux qui font le bien, mais par ceux qui font le mal. Désires-tu ne pas avoir à craindre l'autorité ? Alors, fois le bien et elle t'accordera des éloges. Car elle est au service de Dieu pour te pousser au bien. Mais si tu fois le mal, crains-la! Car ce n'est pas pour rien quelle a le pouvoir de punir : elle est au service de Dieu pour montrer la colère de Dieu en punissant celui qui fait le mal.» (Romains 13:3 -4) (C'est l'Etat qui impose la peine de mort ou déclare les guerres légitimes) - Caïn tua son frère Abel (Genèse 4:8),- Judas se donna la mort (Matthieu 27 : 5)

B - Dieu nous ordonne de respecter la vie humaine et spirituelle de notre prochain; il nous défend de le blesser, de lui porter préjudice tant physique que morale, de le maltraiter ou le scandaliser.

«r Mes amis ne vous vengez pas vous-mêmes, mais laisser agir la colère de Dieu, car l'Écriture déclare : "C'est moi qui tirerai vengeance, c'est moi qui paierai en retour, dit le Seigneur.» (Romains 12 : 19)

C - Dieu défend que nous gardions un sentiment de haine ou de rancune envers notre prochain.

« Mais moi je vous déclare : tout homme qui se met en colère contre son frère sera amené devant le juge.» (Matthieu 5 : 22)

« Tout homme qui a de la haine pour son frère est un meurtrier, et vous savez qu'un meurtrier ne possède pas en lui la vie éternelle.» (1 Jean 3 : 15)

« Car de son coeur viennent les mauvaises pensées qui le poussent à tuer, à commettre l'adultère, à agir immoralement, à voler, à mentir et à dire du mal des autres.» (Matthieu 15: 19)

« Si vous vous mettez en colère, prenez garde de ne pas tomber dans le péché; ne soyez pas en colère durant toute la journée. » (Ephésiens 4: 26)

Question 240 : Dans ce 6ème commandement, qu'est-ce Dieu nous demande ?

A - Nous devons aider tous ceux qui ont besoin de notre aide.

« "Si ton ennemi a faim, donne-lui à manger; s'il a soif, donne-lui à boire; car, en agissant ainsi, ce sera comme si tu amassais des charbons brûlants sur sa tête.» (Romains 12:20)

- Le bon samaritain aida celui qui était attaqué par les brigands (Luc 10 : 33-35)

B - Nous devons être miséricordieux, gentils et indulgents envers notre prochain.

« Heureux ceux qui sont doux, car ils recevront la terre, selon ce que Dieu leur a promis! Heureux ceux qui ont pitié des autres, car Dieu aura pitié d'eux. Heureux ceux qui créent la paix autour d'eux, car Dieu les appellera ses fils".»(Matthieu 5: 5, 7, 9)

« Si quelqu'un porte une accusation contre toi et que vous allez ensemble au tribunal hâte-toi de te mettre d'accord avec lui pendant que vous êtes encore en chemin, de peur qu'il ne te livre au juge, que le juge ne te remette à la police et qu'on ne te jette en prison.» (Matthieu 5: 25)

« Soyez au contraire bons et pleins d'affection les uns pour les autres; pardonnez-vous réciproquement, comme Dieu vous a pardonné dans le Christ. » (Ephésiens 4: 32)

Tu ne commettras pas d'adultère.

Question 241 : Que signifie ce commandement ?

Nous devons aimer Dieu, afin de mener une vie pure et chaste aussi bien verbalement que pratiquement, et que chacun de nous aime et respecte son prochain.

Question 242 : Qu'est-ce qui s'attache à ce péché ?

A - À ce péché se rattachent : l'indécence, l'immoralité et le mariage entre les parents sanguins.

« Dieu jugera les gens immoraux et ceux qui commettent l'adultère.» (Hébreux 13: 4)

- David commit l'adultère avec la femme d'Urie le hittite (2 Samuel 11) ,- le roi Hérode prit pour épouse la femme de son frère (Marc 6:18)

B - Dieu interdit aussi toutes pensées, désirs, paroles et actes impurs.

«Tout homme qui regarde la femme d'un autre pour la désirer a déjà commis l'adultère avec elle dans son coeur.» (Matthieu 5: 28)

« Car de son (l'homme) coeur viennent les mauvaises pensées qui le poussent à tuer, à commettre l'adultère, à agir immoralement, à voler, à mentir et à dire du mal des autres.» (Matthieu 15: 19)

« Vous êtes membres du peuple de Dieu, par conséquent il ne convient pas que n 'importe quelle forme d'immoralité, d'impureté, d'envie soit même mentionnée parmi vous. Il n 'est pas convenable non plus que vous prononciez des paroles grossières, stupides ou sales. Adressez plutôt des prières de reconnaissance à Dieu.» (Ephésiens 5:3-4)

« On a honte même de parler de ce que ces gens-là font en cachette.» (Ephésiens 5: 12)

Question 243 : Dans ce commandement. Dieu, qu'est-ce qu'il demande de nous tous ?

Dieu exige que nous vivions austèrement dans nos pensées, désirs, paroles et actions.

« Je vous le demande mes amis,..: gardez-vous des désirs humains qui font la guerre à l'âme.» (l Pierre 2:11)

«r Enfin, frères, portez toute votre attention sur ce qui est bon et digne de louange: sur tout ce qui est vrai, respectable, juste, pur, agréable et honorable.» (Philipiens 4:8)

« Ne prononcez aucune parole mauvaise: dites seulement des paroles utiles, qui aident les autres à progresser dans la foi et répondent à un besoin, pour foire ainsi du bien à ceux qui vous entendent. » (Ephésiens 4: 29)

Question 244 : Que faut-il foire pour que nous vivions en pureté et chasteté ?

Avec la puissance de Dieu, nous devons :

A - Lutter pour vaincre toutes les mauvaises pensées et les désirs méchants par l'intermédiaire de la parole de Dieu, de la prière, du travail et de la continence.

* Créez en moi, ô mon Dieu, un coeur pur.» (Psaume 51 :W)

B - Fuir et éviter toute occasion qui nous conduirait à l'impureté, nous éloigner des fréquentations mauvaises et danses provocatrices, nous nous abstenir de lire les livres, magazines ou regarder les programmes télévisés immoraux; ne pas manger ou boire avec excès ou être des fainéants. Nous devons plutôt lire les livres saints et pleins de morale, et soyons assidus envers la prière, le jeûne, la communion en se rappelant la mort.

« Fuyez l'immoralité.» (1 Corinthiens 6: 18)

** Fuis les passions de la jeunesse. »(2 Timothée 2: 22)*

« Ne savez-vous pas que votre corps est le temple du Saint-Esprit, cet esprit qui est en vous et que Dieu vous a donné ? Vous ne vous appartenez pas à vous-mêmes» (1 Corinthiens 6: 19)

Question 245 : Dieu, que demande-t-il, aux gens mariés en particulier.

Dieu demande aux gens mariés de s'aimer les uns les autres et se respecter mutuellement : que le mari aime et respecte sa femme que Dieu a créée pour l'assistance du mari; et l'épouse doit aimer et respecter son époux que Dieu a désigné comme chef de famille.

« Femmes, soyez soumises à vos maris, comme au Seigneur. Car le mari est le chef de sa femme, comme le Christ est le chef de l'Église. Le Christ lui-même est le Sauveur de l'Église qui est son corps. Ainsi, les femmes doivent se soumettre en tout à leurs maris de la même façon que l'Église se soumet au Christ.» (Ephésiens 5:22 - 25)

Tu ne commettras pas de vol.

Question 246 : Que signifie ce commandement?

Nous devons aimer Dieu, pour ne pas déposséder les biens et l'argent de notre prochain ou le tricher dans notre transaction.

Question 247 : Dans ce commandement. Dieu qu'est-ce qu'il nous défend de foire ?

Dieu nous interdit , quelque soit le moyen, de commettre : le vol, le recel, la tricherie, ainsi que tout autre méfait qui portera préjudice aux biens de notre prochain.

Question 248 : Quelles sont les péchés qui suivent le vol ?

Parmi ces péchés : la tricherie - en vente et achat - , la traîtrise, le despotisme, le pillage, l'hypocrisie interdite, le pot-de-vin (somme qui se paie en vue de foire cesser un droit pour foire triompher l'injustice), la retenue de l'argent ou d'un bien volé, le refus d'acquitter une dette et le jeu de hasard.

« Que celui qui volait cesse de voler : qu'il se mette à travailler pour gagner lui-même sa vie de façon honnête et avoir de quoi aider les pauvres.» (Ephésiens 4: 28)

« Celui qui ne veut pas travailler ne doit pas manger non plus.» (2 Thessaloniciens 3:10)

a Car de son (l'homme) coeur viennent les mauvaises pensées qui le poussent à tuer, à commettre l'adultère, à agir immoralement, à voler, à mentir et à dire du mal des autres.» (Matthieu 15:19)

Question 249 : La restitution de l'objet volé est-elle une condition à la rémission de ce péché ?

La restitution de l'objet volé à son propriétaire constitue une condition requise pour obtenir le pardon; ce geste doit être accompagné, si possible, d'une compensation.

Tu ne porteras pas de faux témoignage.

Question 250 : Que signifie ce commandement ?

Nous devons aimer Dieu, pour ne pas tricher notre prochain, le trahir, le médire ou le calomnier, mais plutôt l'appuyer en disant du bien de lui et faisant tout ce qui est bénéfique pour lui.

Question 251 : Dans ce commandement. Dieu, que nous interdit-il de foire ?

A - Dieu nous défend de rendre un témoignage mensonger à notre prochain devant le tribunal.

B - Dieu nous défend de dire des calomnies, de mentir ou cacher la vérité à notre prochain dans le but de lui foire mal.

«r Rejetez le mensonge! Que chacun dise la vérité à son prochain, car nous sommes tous ensemble membres d'un même corps.» (Ephésiens 4:25)

C - Dieu nous défend de trahir notre prochain c'est-à-dire lui dévoiler ses secrets.

D - Dieu nous défend de médire, de calomnier ou de dire du mal de notre prochain dans un but de porter atteinte à sa réputation.

« Frères, ne dites pas du mal les uns des autres.» (Jacques 4:H)

** Ne jugez pas les autres et Dieu ne vous jugera pas; pardonnez aux autres et Dieu vous pardonnera.» (Luc 6:37)*

« Si ton frère pèche contre toi, va le trouver et montre-lui sa faute, mais en demeurant seul avec lui. S'il écoute, tu auras gagné ton frère.» (Matthieu 18: 15)

E - Dieu nous défend de penser mal du prochain ou de comploter contre lui.

Question 252 : Combien de genres de faux témoignage y-en-a-t-il ?

Il y-en-a plusieurs, citons: le mensonge , la calomnie, la médisance, la condamnation injuste et la mauvaise pensée.

Question 253 : Qu'est-ce que le mensonge ?

Le mensonge : consiste à dire quelque chose contrairement à la conscience humaine en vue d'une tricherie.

Question 254 : Qu'est-ce que la calomnie ?

La calomnie consiste à accuser une personne d'une faute qu'il n'a pas faite, et lui attribuer injustement des méfaits inexistants en lui.

Question 255 : Qu'est-ce que la médisance ?

La médisance consiste à dévoiler, sans raison majeure, les défauts d'une personne absente.

Question 256 : Qu'est-ce que la condamnation injuste ?

La condamnation injuste consiste à penser du mal du fond du coeur envers son prochain, sans preuves suffisantes.

Question 257 : Qu'est-ce que la mauvaise pensée ?

La mauvaise pensée c'est de penser du mal envers son prochain en vue de nuire à sa réputation contrairement à la vérité.

Question 258 : Dans le (9e) commandement. Dieu que nous demande-t-il de foire ?

A - Nous devons assister notre prochain, être de son côté et le protéger contre les accusations mensongères.

B - Nous devons parler bien de lui, louer ses qualités et ses bienfaits autant que possible, dans la limite de la vérité.

C - Nous devons garder de la bonne intention envers notre prochain en cachant ses handicaps et ses défauts, en interprétant de bonne foi, si possible, ses agissements.

« L'amour efface un grand nombre de péchés.» (1 Pierre 4:8)

« L'amour ... permet de tout supporter\ il nous fait garder en toute circonstance la foi, l'espérance et la patience.» (1 Corinthiens 13:7)

Question 259 : Celui qui a fait du tort à son prochain, en quoi s'engage-t-il ?

Il lui incombe de se démentir en présence des personnes devant lesquelles il a commis ce péché.

Question 260 : Comment évitons-nous ces péchés ?

Nous pouvons éviter ces péchés en s'attachant à la vérité dans nos actions et nos paroles

Tu ne convoiteras pas la femme de ton prochain.

Question 261 : Que signifie ce commandement ?

Nous devons aimer Dieu, pour ne pas induire en erreur notre prochain, ni avoir l'intention de lui soutirer son héritage, ou désirer d'avoir cupidement quelque chose parmi ses avoirs : soit sa maison en se cachant derrière la vérité, ou d'exhorter sa femme, ses serviteurs pour les lui déposséder mais plutôt les inciter à lui demeurer fidèles.

Question 262 : Dans ce commandement, Dieu, que nous défend-t-il de foire ?

Dieu, dans ce commandement, nous interdit de désirer ardemment le bien du prochain, sa femme, son serviteur ou sa fortune.

Question 263 : Le péché par le désir est-il prohibé ?

Oui, car le péché se complète dans l'esprit par l'intention, c'est pourquoi il est prohibé.

Question 264 : Ce désir, vers quoi nous conduit-il ?

Ce désir nous mène vers l'essai de séduire la femme du prochain, d'exhorter ses serviteurs ou de dérober ses biens.

Question 265 : Dans le (10e) commandement, Dieu que nous demande-t-il ?

Dieu nous demande d'avoir les coeurs remplis uniquement de désirs spirituels.

Question 266 : Sur quel point Dieu insiste-t-il dans ce (10e) commandement ?

Dieu attire l'attention et insiste sur :

A - Le mauvais désir ou l'appétit sexuel est selon lui un péché qui mérite le châtiment.

« Je n'aurais pas su ce qu'est la convoitise si la loi n'avait pas dit: "Tu ne convoiteras pas.» (Romains 7:7)

« Mais un homme est tenté quand il est attiré et pris au piège par son propre

péché, et quand le péché est pleinement développé, il donne naissance à la mort.» (Jacques 1:14 - 15)

B - Ne pas avoir de mauvais désirs dans nos coeurs, mais uniquement les bonnes intentions, l'amour de Dieu et tout ce qui est bon.

« Soyez donc parfaits, tout comme votre Pire qui est au ciel est parfait.» (Matthieu 5:48)

Question 267 : Comment nous éloignons-nous de ce péché ?

Nous nous éloignons du péché en nous nous attachant à la pureté personnelle, à l'autosatisfaction, à l'amour et à la soumission de toute pensée charnelle qui va à l'encontre de ces deux vertus.

Question 268 : Comment devons-nous observer les commandements divins ?

Nous devons les observer en l'appliquant sans dérogation, car Dieu bénit ceux qui l'aiment et observent ses commandements par une volonté ferme et la grâce de l'Esprit, du corps et l'affirmation de la grâce divine.

des Commandements de L'ÉGLISE

Question 269 : Récitez les commandements de l'Église ?

Les fêtes tu sanctifieras, qui te sont de commandement.

Les dimanches Messe entendras, et les fêtes pareillement.

Cinq temps, vigiles jeûneras, et le carême entièrement.

Tous les péchés confesseras, à tout le moins une fois l'an.

Ton Créateur tu recevras, au moins à Pâques humblement.

Droits et dîmes tu paieras, à l'Église fidèlement.

Mariage tu ne célébras, aux temps prohibés spécialement.

Question 270 : Comment consacrons-nous les dimanches et les fêtes ?

Nous devons venir les dimanches et les jours de fête, convenablement vêtus et avec dévotion, assister à la sainte liturgie; et pendant les fêtes solennelles nous devons méditer les grâces salutaires que le Seigneur Jésus-Christ nous a octroyées. Pendant les fêtes de la Sainte Vierge et les Saints, notre devoir est de contempler leurs vertus afin de les imiter et demander leur intercession.

Question 271 : Qu'est-ce que le jeûne ?

Le jeûne est l'abstinence de manger de la viande et des produits laitiers et se contenter de repas légers pour amortir nos passions par mortification et continence.

Question 272 : Quels sont les jours de jeûne qui nous sont imposés ?

Le carême + les mercredis et vendredis de la première semaine et de la dernière; le jeûne de Noël (10 jours), jeûne de la Vierge Marie (5 j), jeûne des Apôtres (3 j), jeûne de Ninive (3 j), les mercredis et vendredis toutes le semaines sauf pendant la période des cinquante jours (entre Pâques et la Pentecôte).

Question 273 : Que dites-vous de celui qui n'observe pas le jeûne ?

Celui qui n'observe pas le jeûne- par négligence ou gourmandise - commet une foute grave; cependant - en cas d'extrême nécessité - les chefs de l'Église peuvent accorder l'exemption du jeûne.

Question 274 : Que sont les dîmes ?

Les dîmes sont les redevances, présents et autres droits en nature que l'on doit payer de tout coeur, aux prêtres de l'église pour les frais encourus du culte divin; et le don de charité, considéré comme le plus important des devoirs par lesquels nous aidons nos frères pauvres.

du PÉCHÉ

Question 275 : Qu'est-ce que le péché ?

Le péché est : la pensée, la parole ou l'action dont l'effet s'oppose à la loi et les commandements de Dieu; en d'autres termes *le péché est la désobéissance à la loi de Dieu. (1 Jean 3 :4)*

Dans l'Évangile Saint, le péché est identifié sous d'autres noms : *la désobéissance (Romains 5 : 19), l'erreur (Matthieu 18 : 15) , la faute (2 Corinthiens 5 :19), l'impureté (Romains 6:13), la méchanceté (Colossiens 3 : 25) et autres.*

Question 276 : Par qui le péché est-il entré dans le monde ?

Le péché entra dans le monde par le diable, qui était à l'origine un ange saint, mais il tomba dans le péché et fut aussitôt chassé du paradis; le péché est entré aussi dans le monde par l'homme qui succomba, de son plein gré, à la tentation du diable.

< Celui qui continue à pécher appartient au diable, car le diable a péché dès le commencement.» (1 Jean 3:8)

«r Le péché est entré dans le monde à cause d'un seul homme. » (Romains 5:12)

Question 277 : Combien de genres de péché y en a-t-il ?

Il y a deux genres de péché: le péché originel et le péché actuel.

Question 278 : Qu'est-ce que le péché originel ?

Le péché originel est la corruption totale de notre nature humaine, laquelle est transmise à tout le genre humain par l'héritage du péché d'Adam.

« Ce qui naît d'un père humain est humain; ce qui naît de l'Esprit est esprit.» (Jean 3:6)

« Vous devez donc vous débarrasser de votre vieille nature, qui déterminait la façon dont vous vous conduisiez dans le passé, cette vieille nature que ses désirs trompeurs mènent à la ruine.» (Ephésiens 4: 22)

Question 279 : Comment peut-on décrire en détail le péché originel

L'être humain, naturellement, ne craint pas Dieu, ne l'aime pas, et ne lui fait non plus confiance; de ce fait il n'est pas bon puisqu'il est disposé à foire du mal, ce qui le rend aveugle, mort d'esprit et ennemi de Dieu.

« Tous se sont égarés loin de Dieu, ensemble ils se sont perdus, il n'y a personne qui fasse le bien, pas même un seul» (Romains 3:12)

Car je sais que le bien n'habite pas en moi, c'est-à-dire dans ma nature humaine.» (Romains 7: 18)

L'homme qui n'a pas l'Esprit de Dieu ne peut pas recevoir les vérités qui viennent de cet Esprit; elles sont une folie pour lui; il est incapable de les comprendre, car on ne peut juger que par l'Esprit.» (1 Corinthiens 2:14)

« Autrefois, vous étiez spirituellement morts à cause de vos fautes, à cause de vos péchés.» (Ephésiens 2:1)

« Car ceux qui ont des préoccupations humaines sont ennemis de Dieu.» (Romains 8:7)

Question 280 : À cause du péché originel, l'homme naturel, dans quel état se trouve-t-il ?

L'homme, à cause du péché originel, est naturellement égaré, condamné et brisé corporellement aussi bien que spirituellement.

« Nous étions destinés à subir la colère de Dieu comme les autres. » (Ephésiens 2:3)

« La mort a atteint tous les hommes parce que tous ont péché.» (Romains 5:12)

« Car le salaire que paie le péché, c'est la mort.» (Romains 6:23)

Question 281 : Comment le péché originel se manifeste dans notre vie ?

Le péché originel nous mène à commettre le péché actuel sous toutes ses formes.

« Un bon arbre produit de bons fruits, mais un mauvais arbre produit de mauvais fruits.» (Matthieu 7: 17)

Question 282 : Qu'est-ce que le péché actuel ?

Le péché actuel est tout acte fait contrairement aux commandements de Dieu et les enseignements de son Église, que ce soit par la pensée, la parole ou l'action .

« Car de son coeur viennent les mauvaises pensées qui le pousse à tuer à commettre l'adultère, à agir immoralement, à voler à mentir et à dire du mal des autres. »(Matthieu 15:19)

« Le mauvais désir conçoit et donne naissance au péché.» (Jacques 1:15)

** Ainsi, celui qui connaît le bien qu'il devait foire et ne le fait pas, se rend coupable de péché. » (Jacques 4: 17)*

Question 283 : En combien de genres le péché se subdivise-t-il ?

Le péché actuel se subdivise en deux: le péché mortel et le péché véniel.

Question 284 : Qu'est-ce que le péché mortel ?

Le péché mortel est la désobéissance de l'homme à Dieu avec préméditation en matière grave, assortie d'une pleine connaissance et d'une volonté toutes réfléchies : ce qui rend l'homme passible de la mort éternelle.

Question 285 : Qu'est-ce que le péché véniel ?

Le péché véniel est une désobéissance en une matière légère, sans réflexion ou connaissance totales; il a comme effet d'affaiblir en nous l'état de grâce.

Question 286 : Quels sont les péchés capitaux ?

Les péchés capitaux sont les péchés graves qui sont sources de plusieurs autres, citons : l'orgueil, l'avarice, l'adultère, l'envie, la gourmandise, la colère et la paresse.

Question 287 : Où pouvons-nous trouver la délivrance du péché ?

Nous pouvons trouver la délivrance du péché dans la foi et le baptême. La délivrance du péché actuel par la repentance, la confession véritable chez le prêtre et la communion sainte.

« Personne ne peut entrer dans le Royaume de Dieu s'il ne naît pas d'eau et de l'Esprit.» (Jean 3:5)

« Le Christ, en devenant objet de malédiction à notre place, nous a délivrés de la malédiction de la loi. L'Écriture déclare en effet: "Maudit soit tout homme qui est pendu à un arbre. » (Galates 3:13)

de la VERTU

Question 288 : Qu'est-ce que la vertu ?

La vertu est une qualité bien appréciée dont l'âme humaine se couvre. Elle marque la prédisposition constante pour foire du bien et éviter de foire du mal.

Question 289 : En combien se subdivise la vertu ?

La vertu se subdivise en deux : les vertus divines (en relation avec Dieu) et les vertus morales (qui nous concernent) pour améliorer notre comportement parmi les hommes.

Question 290 : Quelles sont les vertus divines ?

Les vertus divines sont trois : la Foi, l'Espérance et l'Amour.

Question 291 : Qu'est-ce que la Foi ?

La Foi est une grâce divine surnaturelle que Dieu nous comble avec, et par laquelle nous croyons en Dieu et aux vérités de la religion que l'Évangile Saint et l'Église nous en révèlent.

Question 292 : Qui commet-il une erreur contre la Foi ?

Commet une erreur contre la Foi, tout homme qui doute en Dieu et son Église, celui qui a honte de déclarer sa foi et celui qui se rétracte ou néglige les fondements de la religion.

Question 293 : Qu'est-ce que l'Espérance ?

L'Espérance est une vertu divine. Dieu nous en gratifie abondamment et par laquelle nous mettons fermement notre confiance en lui dans l'espoir d'acquérir le bonheur éternel.

Question 294 : Qui commet-il une erreur contre l'Espérance ?

Commet une erreur contre l'Espérance, celui qui se base sur une chose autre que le Seigneur Dieu, celui qui perd son espoir du salut et celui qui retarde intentionnellement sa repentance.

Question 295 : Qu'est-ce que l'Amour ?

L'Amour est une vertu par laquelle nous aimons Dieu au-dessus de tout et notre prochain comme nous-mêmes; elle est la plus importante vertu.

Question 296 : Comment l'Amour de notre prochain se manifeste-t-il ?

L'Amour de notre prochain se manifeste à travers les oeuvres de bienfaisance tant spirituelles que corporelles.

Question 297 : Combien et quelles sont les oeuvres de bienfaisance ?

Les oeuvres de bienfaisance sont sept :

(1) Éduquer les ignorants.

(2) Conseiller ceux qui cherchent un conseil.

(3) Consoler les affligés.

(4) Guider les égarés.

(5) Prêcher les pécheurs.

(6) Pardonner à nos offenseurs.

(7) Prier pour les vivants et les morts.

Question 298 : Combien et quelles sont les oeuvres de bienfaisance corporelles ?

Les oeuvres de bienfaisance corporelles sont sept :

(1) Foire manger les affamés.

(2) Foire boire les assoiffés.

(3) Vêtir les dépourvus.

(4) Visiter les prisonniers.

(5) Visiter les malades.

(6) Abriter les étrangers.

(7) Enterrer les morts.

Question 299 : Citez les vertus morales.

Les vertus morales sont nombreuses, en voici les principales :

L'humilité, la continence, l'intelligence, l'obéissance, la justice, la tranquillité, la patience, l'austérité, la sincérité, la générosité, l'activité, le courage, la bravoure, la ténacité; l'âme noble chrétienne s'embellit avec ces vertus.

LA CONCLUSION du Catéchisme Chrétien

Question 300 : En résumé, qu'est-ce que le Catéchisme ?

Le résumé du Catéchisme : c'est de croire en Dieu et foire de bons actes pour notre salut.

Question 301 : Quel est le résumé de la Foi ?

La Foi se résume ainsi : croire à l'existence de Dieu, et particulièrement à son Unité, à la Trinité, à l'Incarnation, à la Rédemption, à l'Église Sainte et son pouvoir, à ses sacrements, à la Résurrection et la vie nouvelle, à la Récompense, au Châtiment et à toutes les inspirations de Dieu dans son Évangile Saint.

Question 302 : En quoi se résument les oeuvres salutaires ?

En résumé: les oeuvres salutaires enseignent comment nous devons observer tous les commandements et obligations divins et ecclésiastiques et nous éloigner des péchés afin de bien pratiquer les vertus et la piété.

Question303 : Quelle en est la conclusion ?

La conclusion est de jouir de la vie éternelle auprès de Dieu qui reste pour l'homme son but ultime vers le bonheur parfait.

C'est la Fin ... mais, Remercier Dieu n'a pas de Fin !

Printed by Books on Demand GmbH, Norderstedt / Germany